돈 되는 구매 대행
실전 노하우

퇴근 후 3시간
구매대행으로 연봉 벌기

퇴근 후 3시간 구매대행으로 연봉 벌기

돈되는 구매대행

실전 노하우

구대러 지음

목차

작가의 말

퇴근 후 월급 이상 수입 올리는 구대러의 삶

1장
구매대행, 고민할 이유가 없다

퇴근 후 월급 이상
수입 올리는 구대러의 삶

주말 아침, 평소보다 조금 늦은 시간에 눈을 뜬다. 불과 2년 전의 나는 '이번 주말은 뭘 하고 보내야 하나'를 고민하는 평범한 직장인이었다. 요즘은 회사 출근과 비슷한 리듬으로 별생각 없이 내 사무실에 출근한다. 누구도 출근하지 않은 공유 오피스의 빈 풍경은 왠지 모를 만족감을 안겨준다.

노트북을 갖고 넉넉하게 빈 라운지 공간에 앉아 블루투스 이어폰으로 흘러 나오는 음악을 들으며 일한다. 누구에게도 방해받지 않고, 혼자서 일하는 시간이다. 회사에선 이런 시간이 없다. 무슨 일을 하려고 하면 전화가 오고, 다시 마음을 잡고 집중하려고 하면 팀장이 부른다. 하지만 혼자 있는 사무실에선 오로지 일에 집중할 수 있다.

어제 주문 내역을 확인하고 주문을 처리한다. 고객에게 연락할 일이 있으면 간단하게 문자를 보내고 답을 기다린다. 그리고 어떤 아이템이 잘 팔릴지 찾아보고 소싱을 진행한다. 이전엔 모든 과정을 내가 했다면 이제는 직원에게 업무를 지시하고 관리하는 방식으로 변했다.

제로에서 시작했던 구매대행 사업과 구매대행 강의로 월급 이상의 돈을 꾸준히 벌고 있다. 이전과 비교하면 마음이 한결 여유롭다. 그렇게 다니기 싫던 회사도 어느 정도 취미 영역으로 넘어가고 있다. 회사에서 그만두라고 하기 전까지 회사를 그만 둘 생각이 없다. 끌고 갈 수 있을 때까지 본업인 직장 생활과 부업인 구매대행을 계속 유지할 생각이다.

사업은 한계가 정해져 있지 않다. 본인이 성장하고자 하고, 길을 꾸준히 찾고 매진한다면 누구든 매출을 일으키고 직장 연봉을 상회하는 돈을 벌 수 있다. 고저가 있다는 점에서 매월 정해진 날짜에 안겨주는 직장 월급의 안정적인 부분과는 다르다. 상한이 정해져 있지 않다는 점에서 사업은 분명 삶에서 한 번은 시도해 볼 만한 일이다. 내가 파는 아이템이 한 번은 터진다는 생각으로 꾸준히 상품을 올리면서 포기하지 않으면 누구에게나 기회가 찾아온다. 나도 그런 경험이 있다. 코로나19가 처음 터졌을 때 국내 수요가 폭발적으로 증가한 아이템이 있었고, 그 아이템을 상위 노출시켜 월 3천만 원의 매출을 일으켰다. 해당 월의 순이익은 천만 원을 넘겼다. 당시에 번 돈은 지금 살고 있는 아파트 매입 자금에 보탰다.

주말마다 구매대행 온라인 강의를 하고 있다. 다양한 구매대행 플랫폼에서 강의 요청을 받는 중이고, 개인 블로그로도 수강생을 모아 강의를 한다. 온라인 강의를 진행하면 해외에 있는 사람도 강의 신청을 할 때가 종종 있다. 20기수 넘게 운영한 강의에서 수많은 수강생을 만나고 구매대행 노하우와 방법을 제공했다. 주문이 들어왔다는 수강생들의 연락이 오면 기분이 정말 좋다. 투자한 강의료 이상의 수익을 단기간 내에 벌었다고 연락하는 수강생을 보면 큰 보람을 느낀다. 온라인 강의에서 실시간으로 질의응답을 진행하며 궁금한 점을 해소해 준다. 무엇을 해야 하고 하지 말아야 할지 알려주며 구매대행 부업을 하고자 하는 사람에게 올바른 가이드라인을 주고 있다.

구매대행은 온라인 비즈니스를 연습할 수 있는 최고의 사업 형태다. 왜냐하면 재고를 떠안을 필요가 없고, 해외 온라인 쇼핑몰의 아이템 정보를 정리해서 국내 마켓에 올리기만 하면 되기 때문이다. 그리고 나선 어떤 아이템에 고객이 반응하는지 살피면서 관련된 아이템을 더 올리고, 브랜드를 확대하는 방향으로 나가면 된다. 이런 방식으로 구매대행을 계속해서 할 수도 있고 위탁, 사입 등의 형태로 넘어갈 수도 있다.

평온하게 지나가는 삶, 아무 걱정 없는 삶도 괜찮다. 하지만 한 번 사는 인생을 치열하게 살아보고 싶다면 나는 아무 주저 없이 사업을 추천하고 싶다. 개인이 조직이 아닌 혼자서 도전해서 수익을 내보는 경험은 아주 값지다. 시스템 안에서 일하는 익숙함을 깨 보는 경험이다. 어떤 일이 펼쳐질지, 어떻게 삶이 흘러갈지 모른다. 다만 그 삶을 살아가는 우리의 자세는 치열할 필요가 있다.

이 책은 여러분의 삶에 새로운 방향을 제시해줄 것이다. 삶이 어떻게 될지 아무도 모른다. 하지만 그 방향성은 각자가 결정할 수 있다. 구매대행 사업을 통해 당신이 선택할 수 있는 길이 하나 더 생겼다. 모두가 가는 안전한 길을 갈 것인가? 아니면 구매대행이란 모험적인 길을 나와 함께 한번 가보겠는가?

구매대행,
고민할 이유가 없다

평생직장
끝난지 오래다

1) 평생직장이란 허상

이 책은 구매대행에 대해 다루지만, 회사에 대한 얘기부터 시작하려고 한다. 내가 구매대행을 시작하게 된 계기가 회사였기 때문이다. 평생직장은 예전에 끝났다. 지금에서야 나오는 이야기가 아니라 예전에 끝났다는 걸 이미 모두 알고 있다. 현재 직장을 평생 다니겠다고 생각하는 사람 자체가 없다. 최근의 직장인 트렌드는 돈을 벌 수 있는 다양한 방법을 연구하고 실행하는 것이다. 직업을 하나만 갖는 것이 아니고, 보다 다양한 삶의 가능성에 많은 사람들이 관심을 가지고 있다.

어른들은 회사 한번 들어가면 계속 다니는 게 최고라고 얘기한다. 아무래도 삶을 살아온 기간이 오래되면 안정이라는 게 얼마나 소중한지 깨닫게 되는 것 같다. 안정이라는 건 삶을 크게 뒤흔들지 않고 유지시켜주는 조건이다. 어른들 말에 다른 반박을 하진 않지만 시대가 변했다. 한 회사를 계속 다닐 필요도, 하나의 일을 계속할 필요도 없다. 다양한 기회가 우리를 기다리고 있다. 그게 뭔지 정하고 실행할 힘만 있다면 말이다.

이제는 옛말이 돼 버린 평생직장이란 개념과 함께, 신입 사원 퇴사율이 점점 높아지고 있다. 내가 다니는 회사도 마찬가지다.

예전처럼 회사에서 잘리기 전에 내가 먼저 나가지 않는다는 문제가 아니라 내가 언제 나가느냐라는 선택으로 프레임이 바뀌고 있다. 어느 정도 판단이 설 때까지 다녀보고 아니라고 생각하면 바로 손절한다. 이런 트렌드에 맞게 회사라는 조직 자체도 사회 변화에 적응하면서 바뀌려고 노력하고 있다.

소중한 자신을 지키기 위해 퇴사도 불사하는 자유로운 영혼을 가졌지만, MZ 세대 또한 경제적 자유에 대한 갈망이 크다. 유튜브나 SNS의 다양한 채널을 보면 경제적 자유에 대한 얘기가 많이 오간다. 예상치 못한 코로나19 시대를 지나며 안정적인 직장이 주는 고마움도 거론되지만 재택근무 같은 업무 형태를 접하며 군이 회사에서만 일해야 하는가에 대한 의문도 제기되고 있다.

경제적 자유를 이루기 위해선 자신이 일하지 않아도 돌아가는 시스템을 만들어야 한다. 시스템이라는 건 일정하고 안정적인 흐름으로 내가 많이 개입하지 않아도 돌아가는 것을 말한다. 대부분의 회사는 시스템을 갖추고 있다. 각자가 부담하고 있는 부분이 있고 서로 유기적으로 검증하는 시스템을 거쳐 리스크를 최소화하고 매출과 이익을 만든다. 개인이 시스템을 만드는 방법은 일단 돈을 버는 구조를 만드는 것이다. 투자로 시작하기에 자본이 충분하지 않다면 개인에겐 월급 외의 뭔가가 필요하다. 나는 부업에서 그 답을 찾았다.

2) 가능한 삶의 형태에 대한 고민

한 인간의 삶에는 다양한 흐름이 있다. 매 순간의 작은 선택이 모여 한 인간의 삶의 결을 결정한다. 당신은 어떤 삶의 형태를 누리며 살고 싶은가? 지금 누리고 있는 삶이 원하는 삶의 형태인가?

원하는 삶을 꿈꾸지만 먹고사는 문제를 생각하지 않을 수 없다. 원하는 삶에 대한 고민은 의식주가 충족돼야 가능한 사치스러운 고민일지 모른다. 하지만 '삶에 대해서 생각하지 않으면 사는 대로 생각하게 된다'라는 소설가 폴 발레리의 말이 있다. 우리는 어떻게 살고 싶은지 생각해야 한다. 생각이 모이면 계획이 생기고 계획이 구체화되면 실행할 수 있다.

자본주의 국가에서 건물주나 부잣집 자식이 아니면 어떻게 해서든 돈을 벌어야 살 수 있다. 돈이 별로 필요하지 않다고 말하는 사람들도 사실은 돈이 많기를 바란다고 생각한다. 다만 방법을 모를 뿐이다. 방법을 모르기 때문에 관심이 없다는 말로 자신을 위장하는 사람이 많지 않을까 생각한다.

돈은 꼭 회사에서만 벌어야 하는 것일까? 나는 고등학교 졸업 후 대학에 들어가고, 군대를 다녀오고 취업 준비 후 회사에 들어왔다. 대학이나 회사 대신 공무원 시험이 하나의 대안이 될 수도 있다. 어떻게든 좋은 조직에 소속돼 안정적으로 월급이 들어오는 일을 하는 삶의 형태를 원한다면 말이다. 이런 조직원의 삶이 아니라 다른 삶의 형태는 없을까? 회사에서 다양한 일을 경험하고 한계를 보면서 다른 삶의 가능성에 대한 고민이 생겼다.

이런 고민이 시작되면 방법을 생각해 보게 된다. 당장 실행하는 게 익숙지 않았던 삶을 살아온 나에게 동력을 준 건 책을 쓴 것이었다. 하나를 실행해 보고 나니 다른 일도 할 수 있다는 자신감이 생겼다. 뭐 하나 제대로 끝까지 해본 적이 없었던 나에게 하나를 끝낸 성취가 다양한 일을 할 수 있게 만들어줬다. 한번 시도해 보고 성공하면 다른 일을 하기는 쉽다. 하나의 질문으로 마무리해보려고 한다.

어릴 때부터 조직에 들어가서 조직이 잘 굴러가기 위해서 작동하는 부품으로 키워졌는지 모르는 한국의 교육에서 우리는 의문을 한번 가질 필요가 있다. 꼭 회사에 다니면서 돈을 벌어야 하는지 말이다. 나는 이런 삶의 형태에 대해 매일 고민했고, 지금도 고민하고, 앞으로도 고민할 것 같다.

왜 구매대행이
정답인가

회사를 다니면서 병행할 수 있는 부업을 고민하던 중 마음에 쏙 드는 비즈니스를 찾았다. 해외 제품을 국내 오픈마켓 판매를 통해 고객에게 배송해 주는 구매대행이었다. 국내 위탁 방식도 구매대행과 비슷하지만, 국내 제품은 누구나 할 수 있기에 제외했다. 나는 영어를 좋아하는 편이라 미국 제품을 다뤄보자는 생각이 들었다. 사실 구매대행은 영어를 잘하지 못해도 할 수 있는 일이고 주위를 봐도 실제로 그렇다.

구매대행 과정을 간단히 설명해 보겠다. 해외 온라인 쇼핑몰에서 제품 정보와 이미지를 정리해서 쿠팡, 스마트스토어 등 국내 오픈마켓에 올린다. 상품 정리 과정엔 상품명 번역, 이미지 정리, 상세 페이지 꾸미기, 검색용 태그 설정, 상품 정보 입력 과정이 포함된다. 이렇게 상품을 등록하면 해외 제품이 필요한 사람이 오픈마켓에서 상품을 보고 주문한다. 구매대행이 필요한 사람은 해외 주문을 직접 진행하기 힘든 사람들이다. 주문을 받고 나서, 해외 사이트에서 주문을 처리하고 해외에 위치한 배송대행지로 보내면 검수 후 항공이나 선박으로 국내로 들여온다. 국내 반입 후, 국내 택배사에 인계돼 고객에게 배송되는 시스템이다.

해외 온라인 쇼핑몰에서 제품 소싱 → 국내 오픈마켓에 등록 → 고객 주문 접수 → 해외 온라인 쇼핑몰에서 주문 처리 → 배송대행지 주문 내역 업로드 → 배송대행지 도착 및 상품 검수 → 항공 출고 및 국내 입고 → 국내 택배사 고객 배송 → 판매대금 정산

구매대행 진행 과정

쇼핑몰에 올리는 사진을 꾸미려면 포토샵이 필요하다고 생각하는 사람이 많다. 이건 큰 착각이다. 나는 해외 사이트에 있는 상품 이미지를 그대로 가져와 내가 물건을 판매하는 국내 오픈마켓에 올린다. 이렇게 해도 매출이 일어난다. 포토샵

이나 이미지 관련 프로그램을 반드시 다룰 줄 알아야 하는 것이 아니다. 필요한 경우 미리캔버스와 같은 무료 상세 페이지 제작 툴을 사용하면 손쉽게 해결할 수 있다.

구매대행은 배송이 배대지를 통해 바로 국내 택배사에게 인계되기 때문에 판매자가 제품 실물을 볼 일이 없고 택배 업무를 하지 않아도 된다. 내가 제품을 잘 알아야 팔 수 있는 게 아닌가라는 생각이 들 수도 했다. 하지만 어떤 제품인지 몰라도 파는 스킬만 있으면 제품은 팔린다. 실제 많은 사람들이 구매대행 사업으로 수익을 내고 있다.

구매대행은 주문을 받고 나서 해외 주문을 하기 때문에 재고 부담이 없다. 제품을 미리 사놓고 재고를 발송하는 방식이 아니기 때문에 초기 자본이 들어가지 않는다.

마지막으로 어디서든 일할 수 있다는 장점이 있다. 사무실이든 집이든 컴퓨터만 있으면 일할 수 있어 장소의 제약을 받지 않는다. 실제로 나는 노트북으로 출퇴근 길을 활용해 주문 처리와 고객 문의에 응답하며 지하철 노마드의 삶을 살고 있다. 사무실과 자택에 동일한 데이터가 온라인으로 공유되는 클라우드 업무 시스템을 구축하고 그때그때 편한 곳에서 일을 처리하고 있다.

나는 이렇게 괜찮은 비즈니스를 들어본 적이 없다. 상품명을 번역하고 이미지 정리해서 잘 올리기만 하면 주문이 들어오고, 확정된 주문을 통해 해외 주문을 진행하면 수익이 생기는 사업이 구매대행이다. 이렇게 리스크가 낮은 사업은 없다고 할 수 있다. 중간에 힘들어서 안된다고 그만두는 게 유일한 리스크다. 중간에 포기하면 투자한 시간과 돈이 한순간에 날아가기 때문이다.

1) 손가락을 움직이기만 하면 된다

사람들은 고민이 많다. 그 고민이 아무것도 하지 못하게 하기도 한다. 하나의 가능성에 대해서 고민하다 보면, 단점이 보인다. 단점을 보완할 수 있는 다른 방법을 찾아본다. 그 방법도 완전히 마음에 들지 않는다. 그러면서 다양한 방법 사이를 전전하는 유랑민이 된다.

세상에 어떤 방법도 완벽하진 않고, 장단점이 있을 수밖에 없다. 초반 탐색을 어느 정도 해보고 결론을 내렸으면 그 결론을 계속 실행하는 시간을 가져야 한다. 적당히 생각하고 난 이후에 당신에게 필요한 것은 실행뿐이다.

구매대행을 예로 들면 구매대행을 해보기 전에 이 사업에서 발생 가능한 리스크를 고민한다. 구매대행을 하면 반품이 들어올 수 있고, 해외 배송이 느려 고객 만족도가 낮다고 걱정한다. 주위에서 들리는 단점이 하나씩 수집되고 나면 온통

단점만 생각하게 된다. 그러면 이게 맞나 싶은 생각이 들면서 지금 하고 있는 일을 지속할 힘을 잃는다.

사업자를 내기도 전에, 상품을 올리기도 전에 반품을 걱정하는 것은 불필요하다. 실제 구매대행 사업의 반품률은 1~2% 내외다. 마치 취업 준비를 하면서 회사 들어가고 나서 생길 수 있는 각종 문제점을 미리 걱정하는 것과 같다. 일단 취업을 해야 하는데, 그 이후를 걱정하느라 실제 취업 준비에 집중하지 못한다. 구매대행은 일단 사업자를 내고, 상품을 올려야 하는데 미리 걱정부터 하고, 다른 방법을 찾아보다 아무것도 하지 못한다. 실제로 많은 사람이 한번 정한 방법을 지속하지 못하고 다른 방식을 찾아 헤매다 사업을 그만둔다.

사업을 잘하는 사람은 어느 정도 생각하고 방향이 결정되면 무작정 실행하는 사람이다. 생각과 행동의 길이가 짧을수록 성공할 확률이 높다. 그 기간이 길수록 아무것도 하지 못할 확률이 높다. 생각과 행동의 길이가 짧으면 피드백을 빠르게 얻어 다시 시도해 볼 수 있다. 행동이 아닌 생각으로 하는 피드백은 아무 도움이 되지 않는다. 내가 실제로 뭔가를 해보고 얻는 깨달음과 실패에서 얻는 개선 방향이 일하는 방식을 고도화 시키는 데 도움이 된다. 일단 질러라. 그리고 나서 수정하라.

2) 사장님들의 절대 고민 '재고'가 없는 부업

구매대행은 재고가 없는 사업이다. 대부분의 유통 사업은 재고를 보유하고 주문이 들어오면 발송하는 방식이다. 대표적으로 직접 제조해 유통하는 방식과, 해외 제품 수입 후 판매하는 사입 방식이 있다. 모두 대량으로 물건을 제조하거나 수입해서 재고를 갖고 있으면서 주문이 들어오면 택배로 발송하는 형태다.

구매대행은 고객이 오픈마켓에서 구매대행 판매자가 정리해서 올린 물건을 보고 주문을 하면 이후에 해외 사이트 주문을 한다. 재고를 전혀 갖고 가지 않는 사업이고 가져서도 안 되는 사업이다. 이렇듯 제품을 만들어 두거나 혹은 제품을 쌓아 두고 주문이 들어오면 발송하는 대다수 사업과 구매대행은 다른 형태를 지닌다.

사업 및 생산을 하는 비즈니스는 재고 관리 부담이 있다. 물건이 떨어지기 전에 미리 채워놔야 한다. 하지만 판매하는 제품이 많으면 꼭 한 번은 재고에 구멍이 난다. 구매대행도 물론 가격이 변경되거나 품절이 일어나는 경우가 있다. 하지만 재고를 계속 가져가야 하는 사업 형태에서 오는 재고 불안감과 보관 비용에 비하면 아주 적은 리스크다.

재고도 가져가지 않으면서 해외 사이트에 있는 상품을 정리해서 올리기만 하면 내 상품이 되는 신기한 사업이 구매대행이다. 재고를 가져가지 않기 때문에 유연하게 다양한 상품을 올리고 내릴 수 있다. 사업 형태보다 변화에 빠르게 대응할 수 있는 사업이기도 하다.

3) 초기 비용이 뭔가요?

구매대행은 초기 비용이 아주 낮은 편이다. 구매대행 면허만 받으면 바로 사업을 시작할 수 있다. 사업자를 내고 통신판매업을 신고하는 과정은 집에서 모두 처리 가능하다. 웬만한 업무는 온라인으로 처리할 수 있고, 직접 오프라인에서 처리할 일이 거의 없다는 장점이 있다.

구매대행은 컴퓨터로 하는 사업이다. 높은 사양의 컴퓨터가 필요 없고 가지고 있는 노트북이나 데스크톱으로도 충분하다. 집에 잠자고 있는 노트북 전원을 켜보자. 계속할지 안 할지 처음에는 알 수 없기 때문에 시작부터 새 컴퓨터를 살 필요는 없다. 지속할지 모르는 사업에 초기 비용을 들이는 건 추천하지 않는다. 가볍게 시작해 보고 어느 정도 가능성이 보일 때 자원을 조금 더 투입해도 늦지 않다.

구매대행은 집에서도 할 수 있는 사업이다. 일하는 공간을 구분하는 게 좋지만, 초반에 매출이 나오지 않는 상황에서 월

세나 관리비 같은 고정비가 나가는 사무실을 얻는 건 부담스럽다. 비용이 나오지 않는 집에서 시작하는 게 최고다. 시간만 있으면 집에서 편하게 시도해 볼 수 있다.

나는 처음 원룸에 있는 책상에서 구매대행 사업을 시작했다. 아무것도 새로 산 것은 없었다. 사용하던 데스크톱이 구매대행 전용으로 쓰였다. 구매대행은 꼭 새로 살 필요 없이 갖고 있는 장비를 충분히 활용해서 할 수 있는 사업이다.

아예 비용이 없는 것은 아니다. 구매대행 사업자 등록 비용과 식품과 건강식품 등 판매하는 제품군에 따라 면허가 있어야 한다. 화장품을 취급하려면 화장품 책임 판매업 교육과 면허 비용이 들어갈 수 있다. 몇몇 품목은 매년 교육을 받고 면허세를 내야 판매할 수 있다. 교육과 면허가 필요한 대표 카테고리는 다음과 같다.

수입 식품 면허

미국 구매대행 제품군 중 식품, 건강식품, 식기류를 다루기 위해선 수입 식품 면허가 필요하다. 특정 제품군을 구매대행으로 취급하려면 미리 획득해야 할 면허가 있다. 수입 식품을 다루기 위해 필요한 절차를 요약하면 교육 수강, 면허 등록, 마켓 카테고리 권한 획득이다.

수입 식품 면허 강의를 들을 수 있는 한국식품산업협회 홈페이지 화면

사업자 등록증을 발급받은 후 한국식품산업협회 홈페이지에서 신규 영업자 강의를 수강한다. 사업자가 있으면 즉시 수강 가능하다. 전체 강의는 수입식품법과 식품 위생법 등 식품류를 취급하는 데 필요한 법적, 제도적 지식을 알려준다. 또, 구매대행으로 상품을 수입할 때 지켜야 할 절차도 알려준다. 실제로 여기서 배운 지식을 실무에 그대로 적용해야 하니 꼼꼼하게 수강해야 한다.

제도적인 소개와 더불어 과대·허위 광고, 금지 성분에 대한 부분도 눈여겨봐야 한다. 실제로 수입 식품을 구매대행으로 판매하면서 가장 많이 맞닥뜨리는 문제가 과대·허위 광고 문제이며 금지 성분을 포함한 제품이다. 과대·허위 광고는 해당 제품이 건강식품일 경우에 가질 수 있는 효능, 신체 기관에 대한 작용을 언급하면 안된다는 내용이 주를 이룬다. 면역, 혈류 개선, 미백, 전립선 등과 같이 특정 신체 기관을 언급하거나 효능을 언급하면 절대 안된다.

식품안전나라 통합민원상담서비스 화면

교육을 완료하고 시험까지 치고 나면 수료증이 나온다. 수료증을 얻고 나면 '수입식품 등 구매대행업 영업 등록'을 진행해야 한다. 식품안전나라 홈페이지에서 '통합민원상담서비스'에 접속하면 수입식품 등 영업 등록 신청이 표시된다. 여기서 '인터넷 구매대행업'을 선택하고 민원 접수로 구매대행업을 등록하면 된다. 면허세를 납부하면 최종적으로 영업 등록이 완료된다. 영업 등록을 완료하면 식품류를 구매대행으로 판매할 수 있는 면허를 얻게 된다.

화장품 책임 판매업

화장품도 구매대행 판매를 위해선 권한 획득이 필요하다. 아무래도 국민의 입에 들어가는 식품과 더불어 피부에 바르는 제품이기 때문에 제도적, 법적 규정을 정하고 그 틀 안에서 판매하도록 하고 있다. 판매를 위해선 화장품 책임 판매업 등록을 해야 하는데 요약하면 먼저 면허 등록 후 교육을 수강하면 된다.

의약품 안전나라 홈페이지에 접속한다. 사이트는 바로 사용하지 못하고 전화를 걸어서 승인 요청을 해야 접속이 가능하다. 1544-9563으로 전화해 본인의 정보를 제공하면 승인 처리를 해준다. 하루가 지나지 않아 승인해 주는 경우가 대부분이다.

홈페이지 가입이 완료되면 전자 민원·신청으로 들어가 화장품 책임 판매업 신청을 한다. 여기에 필요 서류를 첨부하고 신청하고 기다리면 된다. 필요한 서류 중 중소기업(소상공인) 확인서는 중소벤처기업부에서 발급받으면 된다. 이후 신청한 사이트에서 처리 완료가 뜨고, 면허세 납부를 하라고 하면 납부하면 된다. 면허세 납부 이후 우편으로 화장품 책임 판매업 등록 필증이 날아온다. 화장품은 면허 취득 이후 교육을 듣는다. 승인 후 6개월 이내 교육을 들어야 한다. 이전엔 오프라인 교육이 의무였는데 지금은 온라인으로 들어도 무방하다.

구매대행은 초반 자본이 아예 들어가지 않는 사업은 아니지만 다른 창업 형태와 비교했을 때 매우 적은 비용으로 할 수 있는 사업임에는 틀림없다. 우리는 리스크가 적은 사업을 먼저 시작해 보면 된다. 시도해 보는 일의 끝이 구매대행이 아닐 수 있지만, 부업을 시작한다면 처음은 구매대행을 추천한다. 리스크가 낮으면서 마진도 괜찮은 사업의 왕이 구매대행이라고 말하고 싶다.

4) 지금 당장 시작할 수 있는 사업

구매대행은 빠르게 시작할 수 있다. 사업자 등록증이 준비되고 판매할 오픈마켓 가입만 하면 바로 진행할 수 있다. 구매대행은 상품 정보만 정리해서 마켓에 등록하면 된다. 그래서 다른 사업 형태보다 트렌드에 민감하게 대응할 수 있고 실행 속도가 빠르다. 당장 사업을 시작하고 싶다면 구매대행이 추천할 만한 사업일 수밖에 없는 이유다. 한번 해보겠다고 마음만 먹으면 상품 등록하기까지 시간이 정말 짧다. 사입이나 병행수입 같은 경우는 상품을 찾고, 상품을 수입해서 창고로 들여오기까지 최소 1~2개월 정도가 소요된다.

일단 일이 큰 흐름으로 어떻게 진행되는지 파악하고 나서,

실제 어떤 업무들로 사업이 이뤄져 있는지 알면 바로 시작할 수 있다. 처음 해보면 행정 업무에 손이 많이 가고 번거로울 것 같은데 실제로 해보면 드는 시간은 그렇게 많지 않다. 이 책에선 구매대행의 모든 것을 다룰 예정이다. 하나씩 실행해 보면 새로운 도전을 하는 것에 겁이 날 이유가 없다. 함께 가보자.

5) 이것만 지키면 절대로 쫄 필요 없다

아동용품

구매대행에서 특히 피해야 할 아이템이다. 아무래도 유아에 대한 보호가 국가적으로 강하게 시행될 수밖에 없다. 유아가 쓰는 제품에 대한 기준은 높다. 그래서 구매대행할 때 기본적으로 피해야 할 아이템이기도 하다. 아동용품에 대한 가이드라인과 나이대별로 적합한 아이템이 정해져 있다. 필요한 인증을 받으면서 구매대행을 하는 사람도 있는데 대부분은 아동용품을 피한다. 까다롭고 위험한 제품군에 굳이 손댈 필요가 없다.

브랜드 가품

흔히 말하는 '짝퉁' 제품이다. 특히 중국에서 유통되는데 이런 아이템은 전반적으로 피해야 한다. 정품인지 아닌지는 가격대나 상품 이미지를 보면 대부분 알 수 있다. 브랜드 정품이 유통되지 않을 것 같은 온라인 채널에서는 소싱을 하지 않는 게 좋다.

가품에 대한 필터링은 오픈마켓이 자체적으로 실시하고 있다. 쿠팡의 경우 상품 등록할 때 브랜드 이름을 보고 사전에 정품 여부를 확인하는 절차를 거친다. 실제 유통되는 사이트의 영수증을 올려 증빙해야 한다. 이렇게 가품에 대한 필터링이 진행되고 있고, 고객도 가장 많이 물어보는 게 정품 여부다. 이런 고객 문의에 시달리지 않으려면 정품 증명서를 미리 첨부해 놓고 판매하는 방식으로 해결할 수 있다.

미국 제품은 가품 이슈가 적은 편이다. 브랜드 제품을 구매대행하고 싶다면 기본적으로 중국은 피해야 하고 미국이나 유럽 구매대행을 추천한다. 사이트의 자체적인 정품 필터링 기능이 중국에 비해 탁월하다. 미국·유럽 구매대행은 기본적으로 알려진 브랜드의 제품을 소싱해서 판매하는 방식이다. 가품 이슈에서 자유로우려면 미국·유럽 구매대행을 추천한다.

금지 성분 포함 식품 및 건강식품

소비자가 해외 직구로 가장 많이 구매하는 제품은 건강식품이다. 아무래도 국내 건강식품보다 함량이나 포함하는 성분이 좋은 경우가 많다. 몸에 좋은 성분이라고 해도, 국내에 유통할 수 있는 성분인지는 식약처에서 규정한다.

기본적으로 사람의 입에 닿는 모든 제품은 관세청 시스템인 '유니패스'에서 수입신고를 하고 국내로 들여오게 돼 있다. 식품(건강식품 포함)은 판매하면 안되는 금지 성분을 포함한 제품인지 필터링 하고 식약처에 신고 후 고객에게 배송해야 한다. 유니패스에 수입 신고를 하면 적합·부적합 여부를 식약처에서 알려준다. 신고한 상품이 부적합이 뜰 경우 마켓 주문을 취소해야 한다. 부적합 상품이 고객에게 배송된 경우엔 제품 회수 및 폐기 조치가 필요하다. 추가적으로 부적합 처리 내용에 대한 증빙을 작성하여 회신해야 한다.

부적합 식품등의 처리완료 보고서

수신 : 경인지방식품의약품안전청장

신고인 (구매대행자)	상 호		통보일		접수번호 병기	
	대표자		연락처		010-	
	주 소					

			제 품 내 역			
번 호	접수번호	수하인성명	제품명	수량 (단위:)		B/L 번호
1	202000625996(20 /4/9)	이	100% Pure Butterfly Pea Flower Tea - 100 g	1개		국내 미배송
2	202000647088(20 /4/13)	이	Traditional Medicinals Echinacea Seasonal Tea, 32 Tea Bags (Pack of 3)	3팩		국내 미배송
3	202000674095(20 /4/17)	이	Solaray, Kidney Blend SP-6, 100 VegCaps	1개		국내 미배송
4	202001586876(20 /8/31)	이	GNC Mega Men Prostate and Virility 90 Caps(Two Bottles of 90 Caplets)	2개		국내 미배송
5	202001776683(20 /9/22)	박	Stress Relax, Pharma GABA, 100 mg, 60 Veggie Caps	1개		국내 미배송
6						
7						
8						
9						
10						

조치내용	1. 수출국으로 반송( ) 2. 다른 나라로 반출( ) 3. 폐기( ) 4.기타(국내 비매송, 해외주문취소)
주문취소내역	각 오픈 마켓 주문 취소 진행 후 고객 안내
조치완료일	2021년 4월 6일 (실제 취소는 각 내역 접수 후 즉시 진행)

「수입식품안전관리 특별법」 제21조 및 같은 법 시행규칙 제34조제1항에 따라 부적합으로 판정 된
식품등에 대한 처리완료 보고서를 제출하며, 위 사항이 틀림없음을 확인합니다.

2021 년 4 월 6 일

상호 　　　　　　　대표 　　　　　(서명 또는 인)

부적합 처리 완료 보고서 예시

수입식품 신고 제품이 부적합 판정이 나면 보수 교육을 받
아야 한다. 매년 받는 교육 이외에 추가 교육을 들어야 하므

로 별도 비용이 나가고 시간이 든다. 보수 교육을 받으면 3개월 동안은 부적합 판정이 나도 교육을 듣지 않아도 된다. 그래도 주문 취소 및 회수 처리는 동일하게 진행해야 하니 되도록 판매하는 제품에 금지 성분이 포함됐는지 미리 확인하고 상품을 등록하는 게 중요하다. 금지 성분 포함 여부는 식품안전나라에 있는 금지 성분 리스트를 참고하면 된다.

6) 반품 걱정 다음 생에서 합시다

구매대행에 대해 이야기하면 가장 먼저 나오는 말이 반품이 나오면 어떻게 하냐는 것이다. 반품이 물론 있긴 하지만 반품이 발행하지 않게 사전에 꼼꼼하게 챙기면 되고 반품이 발생하면 대응하면 된다.

내가 구매대행 강의를 할 때마다 말하는 게 가장 쓸 데 없는 걱정이 반품과 세금 걱정이라는 것이다. 반품은 물론 있지만 매출액 대비 반품액은 1% 내외다. 확실한 사유 없이 반품하는 고객에겐 반품비를 받고 환불 처리하면 된다.

반품이 무서워서 구매대행을 안하는 사람이 있다면 오히려 고마운 일이다. 경쟁이 그만큼 줄어들기 때문이다. 반품은 걱정하지 않아도 된다고 분명히 말하고 싶다. 일단 팔고 나서 걱정해도 된다. 문제없이 팔고 정산 받은 금액이 매출의 99%

다. 반품도 노력하면 막을 수 있는 방법이 있다. 방법은 무궁무진하니 걱정하지 않아도 된다.

7) 꿈같은 디지털 노마드의 시작

구매대행 사업은 어디서든 할 수 있다는 장점이 있다. 컴퓨터만 있으면 상품을 찾고, 등록하고, 주문 처리하고, 고객 응대까지 가능하다. 장소에 구애받지 않고 살아가는 디지털 노마드가 가능하다.

실제로 나는 출퇴근할 때 제품 소싱을 한다. 판매할 수 있는 제품을 찾고 구글 스프레드시트에 링크를 정리한다. 이건 스마트폰만 있어도 할 수 있는 업무다. 이렇게 쌓아 두면 나중에 소싱을 따로 할 필요가 없고, 바로 상품명 정리와 등록 업무를 시작할 수 있다.

아르바이트 직원에게 일을 시키는 것도 스마트폰으로 얼마든지 가능하다. 직원에게 일을 시키고 중간 피드백은 모두 '잔디'라는 업무용 메신저로 진행한다. 카카오톡 같은 국민 메신저를 쓸 수도 있지만 개인 생활과 업무는 분리하는 게 좋고 업무용 메신저는 확실히 업무에 최적화돼 있다. 잔디는 무료로 사용할 수 있는 툴이라 부담 없이 써볼 수 있다.

잔디 메신저는 업무 성격별로 토픽(Topic)을 생성하고 구성원을 초대할 수 있다. 무료로 1년간의 자료 저장이 가능하다. 상품명 번역, 가격 수정, 상품 수정 등 구매대행 업무에 맞는 토픽을 생성한다. 그리고 직원에게 매일 업무를 부여하고 퇴근 시간 전에 하루 동안 한 일을 수치로 작성하게 한다. 나는 메신저로 업무 상황을 체크하고 피드백을 준다.

이렇게 구매대행은 시간과 장소를 벗어나서 일하는 디지털 노마드가 가능하다. 다른 온라인 비즈니스에도 적용될 수 있지만 구매대행은 택배 업무가 없고 실제 제품을 다루지 않아도 돼 더욱 쉽다. 심지어 해외에서도 업무 진행이 가능한 걸 보면 아주 괜찮은 사업이라는 생각이 든다.

사무실 한자리에 고정돼 근무하지 않아도 되고, 집이나 카페, 원한다면 여행 가서도 기본적인 업무는 처리할 수 있다. 구매대행으로 많은 사람들이 꿈꾸는 디지털 노마드를 이룰 수 있다.

이제는 사장님
마인드로

1) 직장인 마인드는 버려라

사장으로 산다는 건 내가 모든 판단을 내리고 결정에 책임을 지는 것이다. 이런 책임을 바라보는 시선은 사람마다 다를 수 있다. 사장으로 살아가는 사람은 책임을 지는 동시에 다른 삶의 무게를 떠안는다. 직장인이 가지는 것과는 또 다른 책임감이다. 매 순간이 결정이고 그 결정에 대한 결과를 자신이 책임져야 하고, 선택의 결과를 분석하고 바꾸는 걸 반복한다.

직원을 쓰면 의사 결정할 일이 더 많아진다. 어떤 판단을 해야 매출에 더 도움이 될 것인가 고민하고 답을 내린다. 직원이 최대한 편하게 일할 수 있는 환경을 만들어야 한다. 무식하게 사람을 갈아 넣는 회사를 경험하고 나니 그렇게까지 하지 않아도 되는 시스템을 만들고 싶었다. 사람이 직접 검수하는 것보다는 엑셀로 금지 단어와 중복 상품을 걸러내고, 관절이 절단나는 반복 작업은 구매대행 매크로가 대신하게 했다.

엑셀에서 금지 단어를 입력하면 음영이 뜨게 하는 기능이 있다. 조건부 서식 기능을 활용하면 사용하지 않아야 할 단어를 입력했을 때 셀이 빨간색으로 변하게 설정할 수 있다. 반대로 강조하거나 확인해야 할 부분을 조건부 서식에서 포함하는 텍스트가 있을 때 음영으로 표시되도록 설정할 수 있다. 엑셀에서 홈 → 조건부 서식 → 셀 강조 → 텍스트 포함을 선택하고 텍스트 입력 후 어떤 방식으로 표현할지 설정할 수 있다.

필요에 따라서 배우고 새로운 시도를 해보는 과정이 나는 너무 즐거웠다. 구매대행 업무에서 내가 원하던 자동화를 시도해 볼 수 있어서 좋았고 회사에서 쓰던 엑셀 함수보다 훨씬 복잡하고 정교한 식을 짜서 썼다. 회사에선 가능하지 않았던 일인데 필요하니 하게 됐다. 이렇게 사업을 통해 다양한 것들을 배우면서 회사 생활을 대하는 마음도 이전과는 다르게 단단해졌다.

2) 출근길이 룰루랄라

한동안 '언제 회사 그만두나'만 생각했다. 하지만 부업에서 월급만큼의 돈이 벌리기 시작하면서 마음의 여유가 생겼다. 회사 끝나면 뭘 할지에 관한 고민은 완전히 사라졌다. 퇴근하고 남는 시간에 새로운 상품 찾고 고객 응대에 시간을 쏟을 생각을 한다.

회사 생활에 끝이 있을 거라는 생각이 든다. 끝이 없을 거라 생각했던 암울한 시절보다는 훨씬 견딜만한 일이 됐다. 마지막을 인식하고 살아가는 삶의 담대함과 닮아 있다고 해야 할까?

사업을 하면서 회사의 고마움도 알게 됐다. 어떻게든 직원이 보호받으면서 일할 수 있는 시스템을 갖춘 게 회사다. 답답한 규정과 결재 라인이 시스템을 이루고, 회사의 자산과 상품은 물론 직원도 보호해 준다. 다양한 규제와 법적 리스크는 여러 단계를 거치며 해소된다. 이런 울타리들은 어찌 보면 일에 집중할 수 있게 해주는 큰 장치다.

꼬박꼬박 통장에 꽂히는 월급이 사업을 하면서 당연하지 않다는 것을 알게 됐다. 회사에 고마운 마음을 느끼기도 한다. 그래서 힘들었던 출근길이 지금은 그렇게 힘들지 않게 되었다.

사람은 선택권이 있을 때 보다 마음이 여유롭고 시야도 넓어지는 걸 부업을 하면서 알게 됐다. 그리고 회사에서 배우는 것들이 회사를 떠나서도 도움이 될 것이라 생각하니 회사에서 접하는 업무 경험이 나쁜 게 아니라는 걸 새삼 체감한다.

3) PDCA(Plan-Do-Check-Act)를 알면 인생이 편다

사업은 계획하고 실행하고 조정하고 다시 실행하는 과정의 반복이다. 모든 발전엔 이 공식이 적용된다. 무엇을 할지 알아야 한다. 어떤 식으로 할 것인지에 대한 청사진이 있어야 한다. 그리고 구상한 계획을 실행해야 한다. 결과가 나오면 내가 원하는 대로 됐는지 점검한다. 조정한 후에 다시 실행하고, 다시 계획하는 과정을 통해 한 사이클이 또 반복된다.

사업도 경영의 일환이다. 어느 부분 하나 중요하지 않은 것이 없다. 계획이 없으면 실행의 질이 떨어지고, 실행이 없으면 피드백이 없고, 피드백이 없으면 같은 행동을 반복할 뿐이다. 끊임없이 이전보다 발전하는 방식으로 일이 진행돼야 한다.

사업은 이렇게 해야 발전이 일어난다. 계속 시도하면서 이전보다 나은 방식을 꾸준히 고민하는 게 필요하다. 실행이 없다면 모든 사이클에서 진전이 없다. 어느 정도 검증된 방법이라는 게 확인되면 일단 실행하는 게 필요하다. 일정량 이상 실행하고 나면 어떤 식으로든 피드백이 올 것이다. 피드백에 맞춰 다시 조정하고 실행하면 된다.

구매대행은 끊임없는 PDCA의 반복이다. 아무것도 모를 때 상품을 하나씩 등록하다가 카테고리가 같은 제품은 복사해서 빠르게 등록할 수 있다는 걸 알게 됐다. 이 복사 등록을 조금 더 빠르게 할 수 있는 방법에 대해 고민하다 대학 시절 수강신청할 때 사용했던 매크로에 대해 공부하게 됐다. 매크로도 기본적인 수준에서 보다 복잡한 프로그램을 사용하는 단계로 진화했다. 이런 식으로 계속해서 자신의 업무 방식을 고민하고 개선하는 방향으로 업무를 진행해왔다.

4) 노는 중에도 자는 중에도 주문이 들어오는 희열

주말에 친구와 약속이 있다. 맛있는 음식을 먹고 대화를 나누다가 사무실에 들어온다. 사무실에 들어오면 제일 먼저 하는 일이 주문 확인이다. 주문 수집 프로그램을 켜면 당일 들어온 주문이 모두 조회된다. 하루 종일 놀고 들어왔는데 주문이 들어와 있다. 일을 하면서 주문받는 것보다 이렇게 개인적인 일정을 보내고 돌아와서 주문받는 게 더 기분이 좋다. 일을 하든 하지 않든 상품은 온라인에서 계속해서 고객에게 노출되고 판매가 일어난다.

자는 중에도 주문이 들어온다. 나는 휴식을 취하고 있지만 상품은 온라인에 노출되고 고객은 언제든 내 상품을 살 수 있다. 각자 깨 있는 시간대가 다르지만 온라인 쇼핑은 24시간 언제든 가능하다. 자는 중에 주문이 들어오면 하루의 시작이 좋다.

온라인 비즈니스는 내가 직접 영업을 뛰지 않아도 판매가 일어나는, 24시간 돌아가는 무인 점포를 갖는 것과 비슷하다. 최근 24시간 영업하는 아이스크림 가게가 많이 보인다. 무인 인형 뽑기 가게도 많다. 시스템을 갖춰 놓으면 내가 일하든 일하지 않든 돈이 들어오는 구조를 만들 수 있다는 게 큰 장점이다.

꾸준히 올려놓은 상품이 온라인에서 노출되고 지속적으로 매출을 일으킨다. 팔릴 만한 아이템을 꾸준히 찾고 상점에 올리는 과정에서 나만의 상점을 온라인에 가지는 것이다. 언제 어디서 물건을 팔 것인지에 대한 제약이 완전히 사라진다. 내가 가게를 지키고 있지 않아도 매출이 일어나는 시스템은 정말 마음에 든다.

제 2 장

구매대행 준비,
이렇게 하면 된다

구매대행 콘셉트가
생명이다

1) 수동 등록

구매대행의 시작은 해외 사이트에서 상품을 소싱해 국내 오픈마켓에 등록하는 것이다. 상품을 등록하는 방식은 다양하다. 이중 수동 등록 방식은 구매대행의 꽃이라고 할 수 있다. 상품명 번역, 이미지 다운로드, 속성 입력, 태그 입력 등 마켓에 입력해야 하는 정보를 모두 손으로 하나씩 올리는 방식이다. 다만 이렇게 하나씩 입력하다 보면 정신이 육체에서 가출하는 현상이 생길 수도 있다. 최소 수천 개에서 수만 개의 상품을 올려야 하는데 하나씩 손으로 직접 입력하다 보면 등록 개수가 적을 수밖에 없다.

하나씩 올려서 주문이 일어난다면 다행이다. 하지만 초반에 수동으로 한 땀 한 땀 정성 들여 등록했는데 주문이 없다면 지속할 힘을 잃게 될 가능성이 높다. 수동은 판매 기회를 확실히 본 뒤에 등록해도 늦지 않은 방식이다.

최근 구매대행 트렌드는 상품 링크를 활용해 가격 및 상품 정보, 이미지를 수집해주는 반자동 프로그램으로 상품 등록을 진행하고, 반자동 등록 상품에서 판매가 된 건에 대해서 하나씩 수정하는 방식이 대세다. 수동 등록은 사입이나, 병행 수입같이 팔 제품이 확실히 정해져 있고 재고가 있을 때 추천하는 방식이다. 수동으로 상세 페이지를 번역해서 올릴 수도 있지만 이는 소싱 실력을 키운 이후에 진행하는 걸 추천한다. 정성 들여 올린 아이템이 노출도 판매도 안되면 지속할 힘을 잃을 수 있기 때문이다.

스마트스토어 카테고리 등록 화면

엽산을 국내 대표 오픈마켓인 스마트스토어에 등록하는 것으로 설명해 보겠다. 모든 등록의 시작은 어떤 카테고리에 상품을 등록할지 설정하는 것이다. 상품이 등록되는 카테고리는 검색을 통해서 알 수 있다. 등록하는 제품군을 네이버 쇼핑에서 검색해 보고 상위 노출되는 동일 제품군의 아이템 카테고리가 무엇인지 확인 후 등록하면 된다.

엽산　300mg x 60정

최저 34,000원　판매처 44

식품 > 건강식품 > 영양제 > 엽산

제품타입 : 정 | 섭취방법 : 물과 함께 | 섭취대상 : 성인남녀 | 섭취횟수 : 하루 한 번 |
1일 총 섭취량 : 1정 | 제품용량 : 2개월분 | 영양소 원료명(식약처고시) : 엽산 | 엽산 : 400㎍

리뷰 ★★★★★ 18,522 · 등록일 2017.06. | ♡ 찜하기 73 · ⚐ 정보 수정요청

네이버 쇼핑 검색으로 제품 카테고리 확인 화면

이후 상품명을 설정한다. 상품명은 검색 시 노출에 가장 큰 영향을 미치는 요소다. 상품명 앞에 상품 특징을 잘 나타내는 정보를 노출해야 한다. 검색 엔진이 인식할 때 상품명 전체가 아닌 앞쪽을 인식할 확률이 높다. 상품명 앞에 주요 키워드를 배열해야 한다.

스마트스토어 판매가 설정 화면

　상품명을 설정하면 판매가를 입력한다. 판매가는 엑셀에서 계산 후 최종 가격을 넣으면 된다. 할인은 고객이 보다 싼 가격에 산다는 느낌을 줄 수 있기 때문에 판매가에 추가해두고 할인해 주는 방식으로 보여줘도 괜찮다. 판매 기간이 따로 정해진 게 아니라면 '설정 안 함'을 선택하면 된다. 부가세는 '과세 상품'으로 설정한다. 면세 상품은 가공되지 않은 농산물 등이 대상이고, 대부분의 공산품은 과세 상품으로 보면 된다.

상품이미지 ● ⑦

대표이미지 ● ⑦

권장 크기 : 1000 x 1000 (윈도대상 750 x 1000)
쇼핑검색에 노출되지 않는 경우 가이드를 확인해주세요.

추가이미지 (0/9)

순서 변경

권장 크기 : 1000 x 1000 (윈도대상 750 x 1000)
추가이미지는 최대 9개까지 설정할 수 있습니다.
jpg,jpeg,gif,png,bmp 형식의 정지 이미지만 등록됩니다.(움직이는 이미지의 경우 첫 번째 컷이 등록)

스마트스토어 상품 이미지 등록 화면

상품 이미지는 외국 사이트에서 소싱한 상품의 상세 페이지에서 저장한 이미지를 하나씩 올리면 된다. 대표 이미지로 상품을 가장 잘 나타내는 이미지를 하나 선택하고, 추가 이미지는 더 보여줄 이미지가 있을 때 올려주면 된다. 최대한 깔끔한 사진을 정리해서 올리는 게 좋다.

스마트스토어 상세 설명 등록 화면

흔히 상세 페이지라고 부르는 상세 설명 부분이다. 상세 페이지 길이는 개인이 설정하기 나름이다. 국내 사입과 위탁 상품 상세 페이지를 보면 엄청나게 길게 돼 있는 게 보통이다. 상품명과 태그로 유입을 일으켰다면 상세 페이지는 고객 구매를 설득하는 과정이다. 구매대행은 설득할 수 있는 수단이 많지 않다. 건강식품은 과대·허위 광고에 걸릴 확률이 높아 되도록 상품 이미지만 업로드하는 방향으로 진행한다.

스마트스토어 상품 주요 정보 등록 화면

스마트스토어와 쿠팡은 자체 검색엔진을 갖고 있다. 상품 주요 정보를 넣어주면 고객이 검색해서 필터링할 때 노출될 확률이 높아진다. 쿠팡의 검색 필터도 유사하다. 최근에 중요시되는 상품 주요 정보를 꼭 입력해 고객에게 노출될 수 있는 가능성을 높여야 한다. 가능한 부분을 하나씩 채워 넣으면 된다.

구매/혜택 조건 ⓘ

최소구매수량	개 최소 구매 수량은 2개 부터만 입력해 주세요. 입력하지 않아도 기본 1개로 적용됩니다
최대구매수량	1회 구매시 최대
	1인 구매시 최대
복수구매할인	설정함 설정안함
포인트 ⓘ	상품 구매 시 지급
	상품리뷰 작성시 지급 ⓘ
무이자할부	설정함 설정안함
사은품	
이벤트	예시) 20만원 이상 12개월 무이자, 6%할인쿠폰, 삼성카드 최대 7,000원 쿠폰 할인
	템플릿 추가

스마트스토어 구매·혜택 등록 화면

스마트스토어는 고객에게 줄 구매·혜택 조건을 미리 설정할 수 있다. 2개 이상 주문해야 하는 제품은 2개의 최소 주문 수량을 설정할 수 있다. 복수구매 시 할인도 설정할 수 있다. 스마트스토어의 핵심인 리뷰를 얻기 위해 포인트 적립 설정을 미리 할 수도 있다. 상품 구매 시 소액 지급, 리뷰 작성 시 500원~천 원 정도의 금액을 설정하면 된다.

스마트스토어 검색 설정 화면

    상품명과 더불어 유입에 가장 큰 영향을 미치는 것이 검색
설정이다. 태그 설정이라고도 한다. 이미지에 보이는 것처럼
리스트에서 고를 수도 있고, 직접 입력할 수도 있다. 직접 입
력해도 검색에 적용되는지 태그 사전 등록 여부를 확인해야
한다. 하단을 보면 '검색에 적용되는 태그 확인' 버튼이 있다.
해당 버튼을 누르면 입력해 놓은 태그가 태그 사전에 있는지
확인할 수 있다.

- 검색에 적합한 상품 데이터를 위해 검색용 태그사전이 관리되고 있습니다. 사전에 이미 있는 태그는 검색에 바로 반영됩니다.
- 사전에 없는 태그의 경우 적합 여부 검토 후 사전에 등록되거나 등록되지 않을 수 있습니다.

태그사전에 등록되어 있습니다. ○

#30대   #선물용으로좋은   #신혼부부선물   #임산부선물   #임산부엽산

#임산부엽산제   #정성가득

태그사전에 등록되어 있지 않습니다. ✕

#선물용엽산   #엽산선물

자세한 검색최적화 가이드가 궁금하다면? 검색최적화 가이드 확인 ›

확인

스마트스토어 태그 사전 확인 화면

이렇게 하면 스마트스토어 상품 등록에 필요한 주요 정보는 모두 입력된다. 나머지 배송, 반품 등의 정보는 스토어에서 제공하는 템플릿에 따라서 입력하면 된다. 해외 구매대행은 출고지가 해외로 설정돼 있어야 통관고유부호를 수집한다는 걸 기억하고 출고지를 꼭 해외로 설정하기 바란다.

2) 대량 등록

대량 등록은 카테고리와 키워드만 정하고 프로그램을 이용해 외국 사이트에서 상품 정보를 긁어 와 번역 후 국내 오픈마켓에 대량으로 올리는 방법이다. 자신이 올리는 상품이 무엇인지 아예 모른다. 중국 구매대행에서 많이 진행하는 방식이다. 이미지나 단어를 필터링 하지 않고 올리기 때문에 지식재산권 침해로 인한 소송 리스크가 가장 큰 방식이기도 하다.

보통 마켓별로 등록 상품 수 제한이 있어 사업자를 여러 개 내서 상품 수로 승부하는 방식이다. 쿠팡의 상품 등록 개수가 무제한일 때 가장 효과가 컸지만 현재는 대부분 반자동 등록으로 넘어가는 추세다.

	변경 전	변경 후
일별 최대 등록가 능 상품 수 (옵션 기준)	일 최대 5,000개 까지 가능	일 최대 5,000개까지 가능(변경 없음)
판매자 아이디 당 최대 등록 가능 상품 수 (상품 기준)	제한 없음	직전 3개월간 최소 월 매출액에 따라 판매자 아이디 당 최대 등록 가능 상품 수 제한
쿠팡에 의한 상품 삭제 기준	검수일 기준 직전 15개월 동안 판매 가 없었던 상품 자동 삭제	검수일로부터 6개월 이상 초과했으나 매출이 발생하지 않은 상품은 쿠팡이 삭제할 권리를 가집니다.

지난 3개월 기준 매출액	최대 등록 가능 상품 수
최소 월 매출액 4천 만 원 이상	제한 없음
최소 월 매출액 2천 만 원 이상	50,000개
최소 월 매출 800만 원 이상	25,000개
그 외	10,000개

쿠팡의 상품 등록 정책 변경 내용

쿠팡이 매출 구간대별로 상품 등록 수를 제한한 것이 대량 등록 방식이 하락세를 탄 가장 큰 이유다. 쿠팡에 상품 수 제한이 없을 땐 많은 판매자가 대량 등록 방식을 이용했다. 기관총을 쏘면 적중할 확률이 높듯이 엄청난 수의 상품을 올리면서 하나만 걸려라 하는 바람이었다. 하지만 이는 쿠팡에 엄청난 서버 부하를 일으켰다. 상품마다 정보와 이미지를 갖고 있는데, 수많은 상품을 저장하려면 서버 비용이 부담되고, 상품이 갖고 있는 위해성도 검수하기 어렵다. 이에 따라 쿠팡은 등록 상품 수 제한 정책을 폈다.

많은 대량 등록 프로그램이 있지만 상품 등록 제한이 생긴 후 대량 등록 효과가 크게 떨어졌다. 많은 사람이 대량 등록이 좋았던 시절은 이제 지났다고 말한다. 앞으로도 상품 등록 개수가 더 줄어들 가능성이 있다.

아직도 많은 대량 프로그램들이 온라인에서 유튜브로 홍보되고 판매되고 있다. 아예 상품을 등록해 놓지 않는 것보단 나을 수 있겠지만, 수동이나 반자동으로 조금 더 정성 들여 상품을 등록하는 게 더 나은 방식이다.

3) 반자동 등록 - 대량과 수동 사이

반자동 등록 프로그램 '쿠대' 서비스 화면

대부분의 판매자는 수동과 대량의 중간인 반자동 프로그램을 선택한다. 반자동 등록 프로그램은 해외 사이트의 링크를 넣으면 이미지와 옵션을 정리해서 수집한다. 그리고 국내 오픈마켓의 계정을 연결해서 바로 등록하는 방식이다.

새로고침 [ ] 건가식급지섭분확인 [ ] 원본상품삭제

ASIN B01IW245EY

아마존가격 : 29.95 USD   무게 : 12 Ounces   재고 : Y   규격 :

구분   메모

상품명(54글자)(76바이트)

뉴트리코스트 크레아틴 일수화물 3,000mg (캡슐당 750mg), 500캡슐 125인분 (1팩)

Nutricost Creatine Monohydrate 3,000mg (750mg Per Capsule) 500 Capsules, 125 Servings 500 Count (Pac

**반자동 프로그램 '쿠대'를 이용해 아마존 링크로 수집한
상품 이미지 및 정보**

반자동 프로그램은 대부분 번역 기능을 포함하고 있고, 사진 정리나 옵션 정리 부분을 프로그램에서 지원하니 등록이 훨씬 수월하다. 사용할 사진을 직접 고를 수 있고, 순서도 드래그 조절할 수 있다. 대부분의 반자동 프로그램은 사용료가 있다. 쿠대는 쿠팡, 스마트스토어, 11번가, 고도몰5, ESM(지마켓, 옥션)의 상품 등록을 지원한다. 향후엔 위메프, 롯데온 등도 추가될 예정이다.

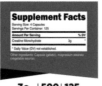

금지의심성분확인

원문

Supplement Facts Serving Size: 4 Capsules Servings Per Container: 125 Amount Per Serving % DV Creatine Monohydrate 3g Daily Value (DV) not established. Other ingredients: Capsule (gelatin), magnesium stearate (vegetable source). 3G 500| 125 Per Servings Capsules Servings

조회된 금지 의심 성분

성분(magnesium) >> 금지성분(Magnesium glycinate Magnesium diglycinate Magnesium)
성분(magnesium) >> 금지성분(Magnesium citrate)
성분(magnesium) >> 금지성분(magnesium chelate)

반자동 프로그램 '쿠대'를 이용해 이미지로 금지 성분을 필터링 할 수 있다.

쿠대는 식품(건강식품)에서 팔지 않아야 하는 금지 성분을 이미지 인식을 통해 필터링해주는 기능을 탑재하고 있다. 이런 기능을 가진 프로그램이 있으면 금지 성분을 판매하는 리스크를 해소할 수 있다.

반자동 등록 프로그램의 장점은 사용료를 일부 지불하지만 수동보다 편하게 상품을 올릴 수 있다는 것이다. 처음부터 수동으로 등록하기엔 리스크가 있다. 반자동으로 등록하고 이후에 팔리는 상품에 한해 수동으로 상품명, 태그, 상세 페이지를 수정하는 방식이 일반적이다.

반자동 프로그램별로 지원하는 국가 및 사이트가 다르다. 대부분 중국 구매대행을 많이 하기 때문에 타오바오, 1688, 알리바바 같은 중국 판매 사이트의 수집 및 등록을 지원한다.

타오바오와 더불어 아마존(미국, 유럽, 일본 등)까지 지원하는 반자동 프로그램도 있다.

4) 수동 + 자동 조합 - 쇼핑몰 통합 관리 프로그램

수동+자동 조합은 쇼핑몰 통합 관리 프로그램을 이용하는 방식이다. 수동 방식으로 오픈마켓 한 곳에 상품을 올리고 여러 사이트에 같은 상품을 복사해서 등록하는 솔루션이다. 넥스트엔진, 사방넷 같은 프로그램이 여기에 속한다. 쇼핑몰 통합 관리 프로그램에 여러 오픈마켓 계정을 등록한다. 이후 한 마켓에 올라가 있는 상품 정보를 읽어와 다른 마켓 전체에 뿌려주는 시스템이다.

반자동 등록 시스템은 한 번에 해외 쇼핑몰 정보를 긁어와 여러 사이트에 등록해주는 서비스이고, 쇼핑몰 통합 관리 프로그램은 한 사이트에 수동으로 올린 상품을 여러 마켓에 동시에 뿌려주는 서비스다. 비슷하지만 약간의 차이점이 있다. 어떤 방식이 더 좋다고 말할 순 없다.

나에게 맞는
콘셉트 고르기

우선 대량 등록은 의미를 점점 잃어가고 있으니 제외하겠다. 상품 수가 아무리 많아도 주문이 안 들어온다는 사람이 많고, 현재 마켓 트렌드와도 일치하지 않기 때문이다. 대량 등록 프로그램 상당수가 대량 등록은 유지하면서 마켓 유입 관리를 하거나 반자동 등록 기능을 같이 제공하는 방향으로 흘러가고 있다.

1) 스피디하게 하는 스타일 - 반자동 등록

부업으로 하는 사람에게 추천하는 방식이다. 반자동 등록은 상품 링크만 넣으면 대부분의 아이템 정보를 정리해 준다. 하지만 소싱, 상품명 작업, 키워드 세팅까지는 수동과 동일하게 직접 해야 한다. 기계적인 상품명 번역과 태그 찾기 정도까지 지원하는 반자동 프로그램도 있다. 반자동 등록은 수동 등록에 비해서 속도가 압도적으로 빠르고 이미지를 하나씩 저장 및 리사이징 작업을 하지 않아도 된다. 판매자 마켓 계정과 프로그램이 연결돼 있어 프로그램에서 여러 마켓에 한 번에 업로드할 수 있다.

반자동 프로그램은 대부분 유료이고, 가격대가 다양하다. 중국 구매대행 반자동 프로그램은 정말 다양하다. 개인적으로 기능 및 이용료, 커버하는 사이트 범위를 고려할 때 쿠대 반자동 프로그램을 추천한다. 쿠대는 쿠팡, 스마트스토어, 11번가, ESM(지마켓, 옥션)에 더해 타오바오(1688, 알리 익스프레스 지원 예정), 아마존 전체 국가(미국, 일본, 유럽 외)의 상품 업로드를 지원한다.

2) 꼼꼼한 아티스트 - 수동 등록

수동 등록은 하나하나 정성 들여서 모든 걸 챙기면서 올리는 방식이다. 제대로 올려서 검색 노출이 잘 되고 판매가 꾸준히 일어나면 효자 아이템이 될 수 있다. 하지만 언제 들어

올지 모르는 주문을 기다리며 등록하다 지칠 수 있다는 단점
이 있다.

　수동으로 올리는 방식은 상세 페이지 번역, 상품 속성 전체
입력, 상품별 태그 입력 및 키워드 세팅 등을 모두 직접 하는
방식이다. 이후 쇼핑몰 관리 프로그램으로 여러 마켓에 복사
등록하는 방식이 가장 현실적일 수 있다.

　이렇게 상품을 여러 쇼핑몰에 동시에 등록하고 수정, 관리
할 수 있는 프로그램은 넥스트엔진, 사방넷 같은 프로그램이
있다. 경험해 본 바로는 넥스트엔진이 사용료가 저렴하고 나
름 직관적인 편이었다.

✔ 쇼핑몰별 상품명 및 판매가 설정

✔ 상품 등록 송신 화면

넥스트엔진의 상품명, 카테고리 설정 화면

넥스트엔진의 상품명 설정, 등록 화면이다. 이렇게 기존에 오픈마켓에 등록해 놓은 상품의 정보를 불러와서 여러 사이트에 한 번에 동시 등록이 가능하다. 반자동 프로그램으로 하나의 마켓에 상품을 업로드한 이후, 반자동 프로그램 등록을 지원하지 않는 사이트에 업로드 하기에 좋은 솔루션이다.

3

구매대행
국가 선택

1) 다양한 상품 소싱 가능한 '중국'

구매대행을 시작하려면 주력 국가를 선택해야 한다. 국내 구매대행 사업자가 많이 선택하는 국가는 중국이다. 중국이 지리적으로 가깝고 가격도 저렴하다. 무엇보다 대부분의 제품이 중국에서 생산되는 경우가 많아 유리하다. 다만 지식 재산권 이슈에 걸리는 경우가 종종 있어 조심해야 한다.

키프리스 상표권 검색 화면

지재권 이슈를 피하는 가장 효과적인 방법은 브랜드, 사용할 키워드를 미리 '키프리스(KIPRIS : 특허정보검색서비스)'에서 검색해 보는 것이다. 해당 브랜드나 키워드가 상표권이 등록돼 있는지 확인해 봐야 한다. 국내에 총판이 있으면 홈페이지가 있는 경우가 많다. 이런 경우는 등록을 피하는 게 좋다. 총판은 해당 제품에 대한 판매 권리를 지키기 위해서 법적 분쟁까지 불사한다. 중국 구매대행을 한다면 최소한 상표권은 확인하고 진행해야 한다.

그래도 중국은 구매대행하기 좋은 나라임에 틀림없다. 타오바오, 1688, 알리 익스프레스 같은 사이트에서 판매되는 제품을 정리해서 국내 마켓에 올리기 편하도록 다양한 반자동 프로그램이나 솔루션이 나와 있다.

가장 보편적인 중국 구매대행 소싱처는 타오바오다. 나도 중국 구매대행을 시작할 때 타오바오에서 소싱을 진행했다. 1688은 중국 도매 사이트라고 보면 된다. 사입 위주로 진행되는 곳이라 구매대행과는 어울리지 않는다. 알리 익스프레스는 전자기기가 많이 등록된 사이트다. 알리 익스프레스에 있는 상품을 정리해서 등록한 후 고객에게 바로 배송할 수도 있는 게 장점이다.

강의에서도 중국 구매대행을 다루는 사람들이 많다. 많은 사람들이 중국 구매대행에 도전한다. '세계의 공장'이라고 일

컬어지는 중국에서 다양한 상품을 싸게 들여오면 마진을 높게 책정할 수 있다는 장점이 있다.

2) 브랜드 상품 위주 '미국 · 유럽'

미국·유럽은 구매대행의 고인물이 많다. 중국 구매대행이 유행하기 전엔 대부분 미국 구매대행이 주를 이뤘다. 미국·유럽 구매대행은 대부분 브랜드 제품을 위주로 하는 편이다. 그래서 고객이 이미 제품에 대해서 아는 경우가 많다. 식품, 건강식품, 화장품, 의류, 명품 등의 구매대행이 활발한 게 미국·유럽 구매대행이다.

소득이 오르면 다양한 니즈를 충족시켜줄 상품이 있어야 한다. 식품이나 건강식품은 중국산을 구입하지 않으려는 경향이 강하다. 식품과 건강식품 카테고리 등에서 미국·유럽 제품을 구매하려는 사람이 많고 이들의 수요를 바탕으로 하는 구매대행 시장이 형성돼 있다.

미국·유럽뿐만 아니라 호주, 일본 등도 구매대행 니즈가 있다. 구매대행 사업 확장에 필요한 건 현지 온라인 쇼핑몰과 믿을 만한 현지 배송대행지 정도다. 구매대행 사업자는 어느 물건이든 팔 수 있다.

미국·유럽은 중국에 비해서 지식 재산권 이슈가 없다. 브랜드 제품을 팔기 때문에 브랜드 정품인지 소명 요구가 있을 땐 해당 온라인 스토어의 구매 영수증을 첨부해서 증빙하면 된다. 가품에 대한 리스크가 덜하고 제품의 퀄리티가 대부분 보장되기 때문에 클레임이 적은 편이다.

이렇게 국가는 본인이 선택하기 나름이다. 구매대행으로 어느 정도 자리를 잡고 나면 원래 하던 나라 외 다른 나라로 확장해도 된다. 한 나라에서도 팔 수 있는 아이템이 무한하지만 나라가 달라지면 또 다른 기회를 엿볼 수 있다. 상품을 올리는 사람도 새로운 나라 제품을 해보는 게 덜 심심하다. 구매대행은 제품을 갖고 있지 않기 때문에 국가 확장이 다른 사업 대비 자유로운 편이다.

우선 자신이 끌리는 나라로 선택하면 된다. 나는 영어에 자신이 있어 미국을 선택했지만 중국을 처음에 선택했으면 중국을 쭉 했을 것이다. 지금은 미국과 중국 구매대행을 동시에 진행하고 있다. 각자 장단점이 있으니 본인이 브랜드 제품 위주로 하고 싶고 깔끔한 걸 좋아한다면 미국을, 다양한 제품을 소싱해서 니치 마켓을 노리고 싶다면 중국을 선택하는 게 좋다.

간단하게 미국과 중국의 차이를 말하자면 미국은 브랜드 상품 위주라서 고객들이 대부분 제품에 대해서 알고 있다. 그래서 고객의 클레임 확률이 적은 편이다. 대신 키워드 기반으로 소싱할 때 마땅한 제품을 찾기 어렵다는 단점이 있을 수 있다.

중국은 대부분의 상품을 생산하는 곳이기에 내가 뽑은 키워드에 해당하는 제품이 대부분 있다는 것이 장점이다. 덕분에 다양한 키워드에 대한 상품 소싱이 가능하다. 하지만 미국이나 유럽에서 취급할 수 있는 화장품이나 식품같이 몸에 바르고 먹는 제품은 품질에 대한 신뢰 문제로 중국 제품을 소싱해서 판매하기엔 어려움이 있다.

4

어떤 제품을
팔 것인가?

쿠팡 해외 직구 인기 카테고리 화면

구매대행을 하면서 가장 절실히 깨닫는 말이 있다. 자신이
좋아하는 제품을 팔려고 하지 말라는 것이다. 팔리는 제품을
팔아야 하는 게 상인의 운명이다. 자신이 좋아하든 싫어하든

팔리는 제품을 파는 게 정답이다. 그래서 상품을 처음부터 정하고 시작하는 걸 추천하지 않는다.

다만 나라별로 어떤 아이템이 잘 팔리는지 살펴보는 건 필요하다. 가장 많은 사람들이 이용하는 쿠팡의 해외 직구 카테고리를 보면 대략적인 답을 알 수 있다. 대부분의 사이트는 매출에 도움이 되는 순서대로 카테고리를 배치한다. 쿠팡의 해외 직구 카테고리 순서를 보면 답을 알 수 있다.

식품, 건강식품, 패션, 뷰티 등의 순이다. 아무래도 식품에 대한 니즈는 다양할 수밖에 없고, 해외 제품에 대한 니즈가 존재할 수밖에 없다. 소득 수준이 올라가면서 국내 제품만으로 니즈 충족이 안되는 것이다.

건강식품도 인기가 많다. 국내 건강기능식품에서 충족이 안되는 부분은 해외 직구로 해결한다. 함량이나 성분에서 해외 건강식품이 유리한 경우가 많다. 미국이나 유럽, 호주의 건강식품이 유명하다.

대부분이 먹고 바르는 카테고리 제품이 많고, 패션도 인기가 높다. 패션은 원래 카테고리 순위 상단에 없었는데 최근에 올라왔다. 이런 걸 보면 해외 아이템의 트렌드도 시간에 따라 변하는 걸 알 수 있다.

중국 구매대행은 정말 종잡을 수 없다. 제품 대부분이 중국에서 오는데 마진을 일부 포기하고 낮은 가격에 팔거나 국내에 없는 제품을 팔아야 한다. 국내 수입업자가 사입해서 보관하기 힘든 제품을 노리는 것도 하나의 방법이다. 예를 들면, 가격이 비싸거나 부피가 큰 제품은 자금 흐름과 창고 보관 비용으로 인해 재고로 갖고 가기 힘들다.

전자제품은 대량 수입하려면 KC 인증이 꼭 필요한데, 구매대행은 개인 소비에 한정돼 KC 인증을 면제해 주는 상품들이 있다. 전기용품 및 생활용품 안전 관리법 가이드라인을 보면 이에 대한 부분을 상세하게 알 수 있다. 이렇게 국내 마켓 판매자가 충족시킬 수 없는 부분을 구매대행 업자는 충족시켜줄 수 있다.

구분	전기용품	생활용품
안전인증 대상 (23개 품목)	전선, 케이블 및 코드류, 스위치, 전자개폐기, 커패시터 및 전원필터, 전기설비용 부속품 및 연결부품, 퓨즈, 차단기, 전기충전기, AC전기찜질기 및 발보온기, 전기욕조, 유체펌프, 램프홀더, 일반조명기구, 안정기 및 램프제어장치	승강기 부품 6종(조속기, 비상 정지장치, 완충기, 상승과속 방지장치용 브레이크, 승강장문 잠금장치 유역추행 방지장치), 자동차용 재생타이어, 가스라이터, 비비탄총
안전확인 대상 (12개 품목)	전기기기용 제어소자, 컴프레셔(compressor), 폐열회수환기장치, 에너지저장장치, 기포발생기, 전기온수매트, 수도동결 방지기, 전기정수기, 전기 헬스기구, 물수건 마는 기기 및 포장기기, 컴퓨터용 전원공급장치, 전지(충전지만 해당)	

KC마크 없이 구매대행으로 판매 불가능한 전기용품 및 생활용품

트렌드에 민감하게 대응 가능한 게 구매대행이다. 사입 방식으로 판매하려면 도매처 섭외하고 수입 진행 후 통관하고, 이후에 상세 페이지 세팅하고 마켓에 업로드하기까지 최소한, 두 달 정도가 소요된다. 구매대행은 해외 판매자가 파는 제품을 그대로 올리는 방식이라 트렌드 변화에 빛의 속도로

대응할 수 있다. 특정 아이템이 유행을 타면 초기에 스피드
있게 대응해 매출을 올릴 수 있다는 것이 구매대행의 장점이
다.

5

10분 만에 끝나는
사업자 등록

1) 홈택스에서 사업자 등록하기

주력 소싱 국가를 선택했다면 이제 사업자 등록의 시간이다. 우리나라에서 사업자가 되는 건 생각보다 쉽다. 국세청 홈택스에 접속해서 사업자 등록을 하면 된다. 보통 하루 정도의 시간이 지나면 관할 구청의 일자리경제과에서 사업자 등록이 완료됐다는 문자가 온다. 홈택스는 직장인이라면 연말정산 간소화 서비스할 때나 들어가는 곳인데 사업을 하면 자주 들어가는 사이트가 된다.

사업자 등록을 할 수 있는 홈택스 메인 화면

'사업자 등록 신청·정정 등' 메뉴에서 '사업자 등록 신청(개인)'을 선택한다. 로그인은 공동 혹은 민간 인증서를 사용하면 된다. 사업자 등록을 해야 오픈마켓 가입이 가능하고 사업에 관련된 모든 행위를 진행할 수 있다. 앞으로 모든 것이 사업자 위주로 진행된다. 주민등록증, 운전면허증과 같이 내 사업에 대한 모든 증빙이 되는 게 사업자 등록증이다. 컴퓨터나 스마트폰에 파일로 저장해두고 필요할 때마다 사용하면 된다.

인적 사항과 사업장 정보를 입력한다. 상호명은 크게 고민하지 않아도 된다. 내 제품을 가지고 이를 브랜딩해 제품을 파는 것이 아니라면 상호명은 크게 중요하지 않다. 인적 사항과 사업장 소재지를 적는다. 사업장은 집에서 시작하면 집 주소를 입력한다. 사업자를 위한 비상주 사무실을 임대할 땐 수입식품 면허 등록이 가능한 '근린생활시설'로 분류되는지 여부를 미리 확인 후 임대해야 한다. 사무실 계약 후 안되는 경우도 있으므로 미리 확인하고 계약을 진행해야 한다.

사업장 정보 입력에서 개업 일자는 별도로 지정할 날짜가 없다면 신청하는 날이나 그 다음날로 하면 된다. 개업 일자는 중요하지 않으니 크게 신경 쓰지 않아도 된다. 나머지 종업원 수, 자기자금, 타인 자금은 필수 사항이 아니니 입력하지 않아도 된다. 기본적인 사항들이라 크게 문제없이 진행할 수 있다.

2) 업태 선정하기

사업자 등록을 할 때 구매대행에 맞는 업태 및 업종을 선정해야 한다. 구매대행은 업종 코드 525101(전자상거래 소매업)로 신청하면 된다. 그리고 525105(해외 직구 대행업)을 추가한다. 주업종, 부업종 구분이 있는데 어떤 걸 선택해도 무방하다.

사업자 유형은 일반·간이 중에 선택한다. 처음부터 일반 과세자로 할 이유는 없다. 간이과세자로 하면 공급대가 4,800만 원 미만인 경우, 부가세 납부가 면제된다. 구매대행의 경우 수수료율을 20%로 보고 있기 때문에 판매금액이 2억 4천만 원 미만인 경우까지 부가가치세가 면제된다. 큰 혜택이다.

또, 종합소득세 신고 시 단순경비율을 적용 받을 수 있다. 사업 초기에 투자된 금액이 많다면 일반 과세자를 선택하면 부가세 환급이 가능하지만 구매대행은 초기 투자 금액이 큰 사업이 아니다. 그래서 간이과세자로 하는 걸 추천한다.

마지막으로 제출 서류는 전월세 거주지를 사업장으로 하는 경우 임대차 계약서 사본이 있으면 된다. 나머지 서류는 해당할 경우에만 등록하면 되는데 대부분 임대차 계약서만 첨부하면 된다. 이렇게 제출하면 사업자 등록 신청이 완료된다.

6

순식간에 끝내는
스토어 개설

1) 스토어 선택하기

사업자 등록이 완료되었으면 이제 스토어 가입이 필요하다. 인터넷에서 상품을 판매하려면 '통신판매업 신고'를 완료해야 한다. 통신 판매업 신고에 필요한 구매안전서비스 확인증을 제공하는 스마트스토어에 가입한다. 일부 다른 마켓도 구매안전서비스 확인증을 제공하지만 스마트스토어가 가장 대표적인 오픈마켓이니 스마트스토어에 가입하면 된다.

쇼핑몰	중요도	특징
쿠팡	★★★★	로켓배송, 엄청난 성장률, 아이템위너
스마트스토어	★★★★	깔끔한 인터페이스, 구매·리뷰 수 쌓는 게임
ESM	★★	지마켓·옥션 통합, 건강식품 위주

| 11번가 | ★★ | 할인 행사(십일절), 생활용품 위주 판매 |

주요 오픈마켓별 중요도(★ 5개 기준) 및 특징

스마트스토어 이후에 통신판매업 신고가 완료되고 나면 가입할 스토어는 쿠팡, ESM(지마켓, 옥션 통합), 11번가, 위메프, 인터파크, 롯데온 등이다. 이런 다양한 플랫폼에 가입하는 이유는 상품 리스팅을 한번 하고 나면 여러 군데 등록하는 건 쉽기 때문이다. 만약 집중해서 한두 군데 몰에서만 팔고 싶다고 하면 스마트스토어와 쿠팡에 가입하면 된다. 대부분의 검색 및 마켓 점유율을 차지하고 있는 플랫폼이다. 이 두 플랫폼은 필수적으로 가입해야 된다. 두 회사는 검색 엔진을 갖고 있는 회사여서 검색 최적화 연습을 하기에 가장 좋은 플랫폼이다.

2) 스토어 가입 절차

스마트스토어 판매자 가입 및 로그인 화면

스마트스토어에 접속하면 '판매자 가입하기' 메뉴가 있다. 이걸 누르기 전에 필요 서류를 안내하는 곳이 있다. 사업자로 가입할 때 필요한 서류는 사업자 등록증, 인감증명서(본인서명사실확인서 대체 가능), 통장 사본이다. 통장 사본은 기존에 사용하던 본인 명의의 통장을 쓰면 된다. 사업자용으로 만들 필요는 없다. 이 서류를 미리 준비해서 스마트스토어에 가입하자.

스마트스토어 정보 입력 화면

판매자 유형을 선택하고 사업자 번호를 입력 후 사업자 여부를 확인한다. 스마트스토어 이름과 URL을 설정한다. 고객센터 전화번호는 알뜰폰 하나를 개통해도 되고, 투넘버 서비스를 이용해서 별도 번호를 써도 된다. 가급적 개인용과 사업용을 구분하는 게 좋다.

통신판매업
신고절차

1) 정부24 통신판매업 신고

| 정부24 | 서비스 | 보조금24 | 정책정보 | 기관정보 | 고객센터 |

민원안내 및 신청

통신판매업신고

신청방법	인터넷, 방문	처리기간	유형에 따라 다름 (하단 참조)
수수료	수수료 없음	신청서	통신판매업 신고서 (전자상거래 등에서의 소비자 보호에 관한 법률 시행규칙 : 별지서식 1호) ※ 신청서식은 법령의 마지막 조항 밑에 있습니다. 신청작성예시
구비서류	있음 (하단참조)	신청자격	본인 또는 대리인(온라인은 대리인 신청 불가)

신청하기

정부24 통신판매업 신고 화면

통신판매업 신고는 정부24 민원을 통해 가능하다. 정부24
홈페이지에서 '통신판매업 신고'로 검색하면 신청 페이지가
나온다. 사업자 등록증, 스마트스토어 링크와 구매안전서비

스 이용 확인증을 준비하면 된다.

2) 구매안전서비스 확인증 준비

구매안전서비스 이용 확인증

1. 상 호 :

2. 소 재 지 :

3. 대표자의 성명 :

4. 사업자 등록번호 :

위의 사업자가 「전자상거래 등에서의 소비자보호에 관한 법률」 제13조 제2항 제10호에 따른 결제대금에서 또는 법 제24조 제1항 각호에 따른 소비자피해보상 보험계약 등을 체결하였음을 다음과 같이 증명합니다.

1. 서비스 제공자 : 네이버파이낸셜 주식회사
2. 서비스 이용기간 : 2021년 10월 24일(서비스 이용신청일)
3. 서비스 제공조건 : 스마트스토어센터 판매이용약관 및 전자금융거래 이용약관에 따름
4. 서비스 등록번호 :
5. 서비스 이용확인 연락처 : 1588 - 3819 / https://sell.smartstore.naver.com
6. 호스트 서버 소재지 : 경기도 성남시 분당구 야탑동 343번지 2호 KT-IDC 5층

2021년 10월 24일

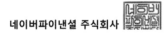

네이버파이낸셜 주식회사

스마트스토어에서 제공하는 구매안전서비스 확인증

구매안전서비스 확인증은 스마트스토어에 가입하면 판매
자 정보 → 판매자 정보 메뉴 오른쪽 위에서 다운로드할 수

있다. 다운로드해서 통신판매업 신고에 사용하면 된다.

이렇게 준비된 서류와 일부 항목을 채워서 신청하면 1~2일 내로 통신판매업 신고가 처리돼 위택스에서 세금을 내야 한 다고 연락이 온다. 면허세를 내야 통신 판매업 신고증을 발급 받을 수 있다.

3) 통신판매업 신고증 수령

통신판매업 신고증 수령은 기존엔 구청에 찾아가서 받아야 했다. 지금은 온라인 발급이 가능하다. 코로나19 시대에 비대 면 서비스를 강화하고 있는 추세라 조금 더 사업을 시작하기 편해졌다.

통신판매업 신고증을 받으면 원하는 모든 마켓에 가입할 수 있다. 11번가는 기존 서류에서 인감증명서(본인서명사실 확인서)가 있어야 가입 가능하다. 11번가나 ESM(지마켓, 옥 션)은 일반 셀러, 글로벌 셀러 2가지 타입이 있다. 글로벌 셀 러는 해외 배송 상품을 다루는 판매자가 선택하는 타입이다. 이 타입을 선택해야 구매대행으로 인식하고 주문 접수 시 통 관고유부호를 수집한다. 일반 셀러로 팔아도 판매에 무리는 없으나 별도로 고객에게 통관고유부호를 수집해야 하는 번 거로움이 있을 수 있다.

배송대행지(배대지) 선정하기

1) 배대지란 무엇인가?

배대지는 상품이 있는 국가 내에 위치하면서 항공이나 선박으로 물건을 국내로 보내주는 역할을 한다. 단순히 배송 역할만 하는 게 아니라 물품 검수 및 수량 확인까지 해준다. 구매대행 사업에서 핵심이 소싱처와 배대지다. 배대지가 세팅되면 해당 국가에서 물건을 사서 배대지로 보내면 한국으로 운송해 준다. 배대지는 국내에 있는 관세 사무소와 연결이 돼 있어 일정 부분 통관 업무도 담당한다.

2) 배대지의 역할은?

주문이 들어오면 판매자는 주문자 이름, 주소, 연락처, 통관 번호, 상품 정보를 배대지 사이트에 업로드해야 한다. 해당 국가 내에서 배송이 시작되면 송장 번호가 나온다. 이 송장 번호를 등록한 배대지의 상품 정보에 추가로 입력한다. 이렇게 하면 배대지에 입고될 때 송장 번호 매칭 후 항공 혹은 선박으로 상품을 국내로 출고한다. 상품이 국내에 도착하면 국내 택배업체와 연결한다. 택배 송장이 나오면 국내 배송이 시작된다. 이때부터 고객이 배송조회를 할 수 있다.

3) 좋은 배대지의 조건

좋은 배대지는 우선 운임이 저렴해야 한다. 무조건 배송비가 많이 들어갈 수밖에 없는 게 구매대행 사업이다. 운임이 저렴하면 확실히 가격 경쟁력이 생기고 판매가 늘어날 수 있다. 그렇다고 무조건 싼 배대지가 좋은 건 아니다. 검수 기능이 좋아야 하고 문제가 생겼을 때 대응 시간이 빨라야 한다. 보통 대부분의 주문이 문제없이 처리되지만 종종 수량이 다르게 오거나 물건이 파손되는 경우 배대지에서 얼마나 잘 처리해 주느냐에 따라 쉽게 해결될 수도 있고, 문제가 될 수도 있다.

좋은 배대지의 조건부터 하나씩 살펴보자. 우선 수기가 아닌 엑셀 대량 등록이 가능해야 한다. 주문 건수가 늘어나면 하나씩 업로드하는 게 어렵다. 일부 배대지는 쇼핑몰 관리 프로그램과 연동돼 자동으로 업로드하는 기능도 있다. 자동 업로드까지는 아니더라도 엑셀 대량 업로드는 기본으로 지원해야 한다.

배대지 사이트에 배송 정보가 입력되지 않았을 때 나타나는
미확인 목록 화면

제품의 배송 정보를 배대지에 상품이 도착하기 전 미리 입력하지 못하면 배대지에 미확인 제품으로 표시된다. 이때 구매대행 사업자에게 알려주는 시스템이 잘 돼 있어야 한다. 배송 정보를 다시 입력해 매칭 후 바로 출고되는 시스템도 갖추고 있어야 한다. 이런 시스템이 제대로 작동하지 않으면 물건 도착 여부를 판매자가 인지하지 못해 출고에 큰 지연이 발생할 수 있다.

문제가 발생했을 때 배대지의 대응 속도도 중요하다. 해외 구매대행 특성상 물건을 보지 않고 배대지에 의존해서 검수하고 출고해야 한다. 배대지의 대응 속도 및 서비스 품질이 결국 고객에게 가는 제품의 품질과 연결된다.

상품 파손은 운송사 잘못일 확률이 높다. 배대지에서 상품 사진을 업로드해 주는데 심하지 않으면 그대로 배송을 요청하고, 배송할 상태가 아니면 해외 판매자에게 문의해서 반품하거나 교환하면 된다.

배대지는 위치한 지역에 따라서 세금이 다르다. 미국은 LA에 위치한 배대지로 상품을 보내면 미국 내 세금이 붙는다. 식품을 제외한 대부분의 상품에 10%의 세금이 붙어 아무래도 판매 가격이 높아질 수밖에 없다. 결과적으로 판매 기회가 줄어든다. 반면, 오리건 지역은 모든 상품에 대해 세금이 없다. 그래서 나는 웬만하면 오리건 배대지로 보내서 발송 처리한다.

배대지에 상품을 등록할 때 선 송장 번호가 나오는 배대지가 좋다. 예를 들면 내가 쓰는 배대지 사이트는 주문 들어온 상품 내역과, 고객 정보를 등록하면 바로 우체국 택배 송장 번호가 나온다. 이 송장 번호로 바로 배송을 처리할 수 있다. 일부 배대지는 현지 입고 후에야 국내 송장이 나오는데 이러면 마켓이 지정하는 배송 기한을 넘길 수 있다. 하지만 선 송장 번호를 입력하면 배송 처리된 상태가 돼 고객이 주문을 취소할 확률이 현저하게 줄어든다.

　물건 판매자 위치에 따라 다른 배대지를 사용할 수도 있다. 미국 안에서도 지역이 다양하다. 종종 대륙을 횡단하는데 일주일 넘게 걸리는 경우가 있다. 판매자가 어디 위치해 있는지 확인해 보고 배대지를 그때 그때 다르게 선택해서 배송하는 것도 필요하다. 꼭 하나의 배대지를 쓸 필요는 없고 2~3개 정도 사용해 보다가 자신에게 맞는 배대지를 쭉 쓰는 것도 하나의 방법이다.

　배대지를 처음에 찾는 방법은, 검색에서 사업자 배송대행지로 찾는 방법이 있고, 커뮤니티에 가입하거나 강의를 들으면 추천하는 배대지를 쓰면 된다. 일단 사람들이 추천하는 배대지를 사용해 보고 몇 군데 써보면서 테스트하면 된다. 자신에게 맞는 배대지가 나올 때까지 여기저기 사용해보고 최종 결정하는 것이 좋다.

4) 배대지 무게 적용 - 부피·무게 계산하기

　배대지는 제품을 보내주고 배송비를 받는 게 목적인 곳이다. 부피나 무게 중 가격이 더 나가는 쪽으로 배송비를 책정한다. 무게는 가벼운데 부피가 많이 나가는 과자 같은 아이템은 배송비를 신중하게 책정해야 한다. 미국은 파운드 단위를 쓴다. 사실 배송이 돼 봐야 정확한 택배비를 알게 되는 경우가 많지만 예상과 실제의 오차를 줄이기 위해 최대한 노력해야 한다. 부피·무게를 중량 무게인 파운드로 환산하는 방법을 알아보도록 하자.

인치 단위를 쓰기 때문에 이걸 파운드로 환산 후 다시 kg으로 환산해 최종적으로 부피 무게를 중량 무게로 환산한다.

무게 = 가로 X 세로 X 높이 / 166
가로, 세로, 높이가 10inch인 경우 10 x 10 x 10 / 166 = 6.02파운드(lbs)가 된다.

단위변환

길이	넓이	*무게	부피	온도	압력	속도	연비	데이터양	시간

파운드 (lb) ➔ 킬로그램 (kg)

1 lb = **0.453592** kg

453592.37 밀리그램(mg)	453.59237 그램(g)	0.453592 킬로그램(kg)
0.000454 톤(t)	4.5359e-7 킬로톤(kt)	7000 그레인(gr)
16 온스(oz)	1 파운드(lb)	120.957965 돈
12.095797 냥	0.755987 근	0.120958 관

ⓘ 변환할 숫자를 입력하거나, 현재 단위 및 변환할 단위를 선택하면 자동으로 결과 값이 변경됩니다

네이버 단위 변환기 화면

위에 계산한 6.02lbs를 안전하게 올림으로 계산하면 7lbs가 된다. 아마 미국 배대지는 파운드 단위로 배송비가 책정돼 있을 것이다. kg 단위라면 1파운드 = 0.45kg으로 잡고 계산하면

된다. 부피가 적게 나가는 제품을 하나씩 계산할 필요는 없지만 무게는 가볍고 부피가 많이 나가는 아이템의 경우 이렇게 부피를 중량으로 환산해서 배송비를 계산해야 한다.

구매대행 상품 등록, 이대로만 해라

구매대행 상품,
어디서 소싱해야 할까?

구매대행은 어디서 소싱하는지가 매우 중요하다. 자신이 다루는 아이템을 계속해서 소싱하고 업로드하는 사이트를 선정하고 나면 해당 사이트 제품을 주로 올리게 된다. 구매대행하는 국가에서 물건을 사서 배대지에 배송할 수만 있다면 어떤 사이트든 소싱 대상으로 삼을 수 있다. 일부 사이트는 카드 번호나 배송대행지 주소를 보고 결제가 안되게 막기도 한다. 이럴 때는 페이팔(Paypal)을 통해 결제를 할 수도 있으나 카드 결제 자체가 안되면 방법이 없다. 여러 사이트를 시도해 보면서 가능한 사이트에서만 구매하는 방법을 추천한다. 해외 카드 결제를 막은 사이트는 깔끔하게 포기하는 게 마음이 편하다. VPN을 활용해서 시도하는 방식도 있으나, 카드 정보 해킹 위험이 있다.

기본적으로 미국, 유럽은 아마존에서 소싱을 가장 많이 한다. 아무래도 가장 큰 사이트이기도 하고 처음 시작하는 사람이 사용하기 쉽게 돼 있다. 쿠팡과 시스템이 유사하다고 보면 된다. 아마존엔 프라임(Prime) 서비스라는 게 있다. 쿠팡 와우 회원 서비스와 비슷하다. 연회비를 내면 무료로 빠르게 고객에게 물품을 배송한다.

아마존 프라임은 월 12.99달러 혹은 연간 결제 시 139달러(2022년 4월 기준)로 이용할 수 있다. 아마존이 미국 구매대행 필수 소싱처이기 때문에 나는 연간 결제로 이용하고 있다. 프라임 배송으로 해야 해외 배송의 리스크인 배송 속도를 해결할 수 있다.

아마존 외 소싱처로 월마트가 있다. 다만 월마트는 재고나 가격 변동이 아마존에 비해 심한 편이다. 온라인과 오프라인 판매를 병행하는 유통업체이기 때문에 제품이 온라인 판매가 안되고 오프라인 픽업만 가능한 경우로 변경될 때가 많다. 그래서 나는 되도록 아마존에서 소싱하고 주문 처리하는 시스템을 만들고 유지하고 있다.

건강식품은 한국에서도 유명한 아이허브와 GNC 등이 있다. 소싱처는 처음에는 한 곳만 유지하다가 올릴 제품이 없거나 괜찮은 제품이 보이고 주문 처리 가능한 쇼핑몰이 발굴되면 해당 쇼핑몰의 상품을 하나씩 올려보면 된다. 각 사이트별 세일 기간에 기민하게 대응하면 좋은 가격에 상품을 판매해서 매출을 올릴 수 있다.

상품 정리 쉽게 해주는
툴 소개

1) 구글 스프레드시트

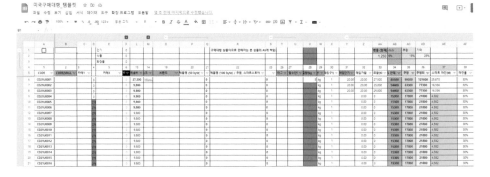

구글 스프레드 시트 화면

온라인에서 사용하는 엑셀이라고 보면 된다. 디지털 노마
드를 지향한다면 다양한 곳에서 온라인에 접속해 일을 할 수
있어야 한다. 직원에게 일을 시키려면 공유 문서에서 실시간

으로 변동되는 내용을 볼 수 있어야 한다. 이런 부분을 만족시켜주는 게 구글 스프레드시트다. 나는 처음부터 구글 스프레드시트를 사용해서 지금까지 업무를 해오고 있다. 엑셀 기능을 모두 포함하고 있고 데이터 손실 걱정 없는 구글 스프레드시트 사용을 추천한다.

2) 아마존 크롤링 프로그램 '정글 스카우트'

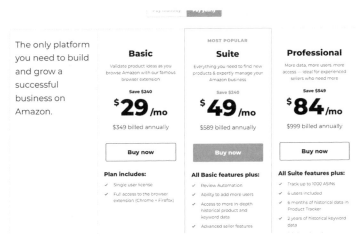

정글 스카우트 연간 결제 요금표 화면

크롤링이란 필요한 정보를 웹에서 수집하는 것을 의미한다. 정글 스카우트는 아마존 검색 결과로 노출되는 상품 정보를 엑셀 파일로 크롤링 해주는 프로그램이다. 상품명, 브랜드, 가격, 판매자 유형, 월별 매출, 리뷰 수 등을 크롤링 해주기 때문에 상품을 올릴 때 매우 유용한 툴이다. 아마존 전용 프로그램이라 아마존에서 잘 돌아간다. 미국에서 유럽이나 기타 국가 아마존으로 확장할 때도 사용할 수 있어 매우 유용하다. 이전에는 영구 라이선스가 있었지만 현재는 월 구독 프로그램으로 바뀌었다. 사용하려면 매월 29달러를 지불해야 한다. 베이식 버전으로 크롬 확장 프로그램만 적용하면 된다. 반자동 프로그램을 이용해서 등록할 경우엔 필요하지 않다.

정글 스카우트 대신 사용할 수 있는 프로그램으로 크롬 확장 프로그램인 '인스턴트 데이터 스크랩퍼(Instant Data Scrapper)'가 있다. 정글 스카우트에 비해서 깔끔함은 떨어지지만 필요한 정보는 긁을 수 있다. 다른 크롤링 프로그램을 사용해 보거나 프로그래밍 역량이 있다면 직접 만들 수도 있다. 직접 할 수 없다면 크몽이나 숨고 같은 재능 판매 사이트에서 프로그래머에게 의뢰해서 진행할 수도 있다.

주문을 부르는
상품 소싱 노하우

1) 상품을 정하지 말라

처음 사업을 시작할 때 가져야 할 마인드는 '나는 어떤 상품이든 팔 수 있다'라는 것이다. 처음 구매대행 사업을 시작할 때 평소 좋아하는 전자기기를 팔고 싶었다. 내가 잘 아는 상품을 팔아야 한다고 생각했다. 하지만 사업가 마인드는 사람들이 찾는 상품을 캐치하고 판매하는 것이어야 한다. 상품을 정해두고 사업에 임하는 건 매출의 가능성을 제한하고 시작하는 것과 같다. 상품이 정해진 상태에선 할 수 있는 게 많지 않다.

상품을 정하지 않고 뭐든 팔 수 있다고 생각하고 사업에 임하면 조금 편해진다. 상품 자체가 가지는 희귀성 때문에 판매가 잘 일어날 수도 있고, 어떤 상품이든 트렌드에 맞춰 가져와 팔 수 있는 구매대행의 장점을 십분 발휘할 수 있다. 사업보다 구매대행이 유리한 건 어떤 아이템이 한순간에 유명해져서 급격한 수요가 있을 때다. 사업은 준비하고 들여오는 데 시간이 걸리는데 구매대행은 훨씬 빠른 대응이 가능하다.

상품을 정하지 않는다는 건 사업 범위에 한정되는 말이기도 하다. 부업을 하는 이유는 돈을 벌기 위해서다. 돈을 벌 때 자신이 좋아하고 일 자체도 의미가 있으면 아주 좋겠지만 대부분의 돈벌이는 자아실현과는 별개로 생각해야 할 때가 많다. 돈벌이에 있어서는 자아를 일정 부분 내려놓고 진행하는 게 전략적일 수 있다. 물론 돈벌이를 하면서 자아실현도 할 수 있다면 최고일 것이다.

이렇게 자아를 어느 정도 내려놓는 연습이 되면 내가 할 수 있는 일이 많아진다. 나를 어떤 사람이라 규정하지 않고, 무엇이든 될 수 있는, 할 수 있는 사람으로 규정하면 내 삶에 다가올 가능성을 제한하지 않고 도전해 볼 수 있는 기회가 늘어날 것이다. 내가 지금 구매대행 책을 쓴 것도 다가오는 가능성을 거부하지 않은 결과이기도 하다. 내가 할 수 있는 일에, 내가 팔 수 있는 상품에 제한을 두지 말자.

2) SNS 시대의 소싱법

요즘은 SNS 시대다. 많은 사람들이 인터넷에서 다른 사람이 상품에 대해 말하는 정보를 찾아본다. 소개를 하기도 하고, 실제 사용 후기를 남기기도 한다. 판매하는 쇼핑몰의 구매후기를 참고하거나, 블로그 리뷰, 유튜브나 인스타그램 후기를 보고 제품에 대한 니즈가 생기면 구매를 결정한다. 이렇게 기존에 없던 수요를 만들어내는 게 SNS의 역할이기도 하다.

그렇다면 우리는 SNS를 구매대행에 어떻게 활용해야 할까? 답은 간단하다. SNS에서 만들어지는 트래픽이 어떤 상품에 쏠리는지 확인하는 것이다. 건강식품을 예로 들어보면 요즘 유튜브에 약사들이 운영하는 채널이 많다. 이런 약사 채널에서 영양제에 대한 리뷰를 하고 추천도 한다. 사람들은 이런 정보 습득 채널을 통해서 영양제에 대해서 알게 되고 공부하고 구매까지 이어진다. 구독자 수가 수십만 명인 채널에서 한번 소개하면 해당 영양제가 품절되는 경우가 많다. 국내 제품뿐만 아니라 해외 직구 제품도 많이 소개하는데 이런 영상을 보고 바로 소개된 제품을 올리면 판매가 되는 경우가 많다.

이런 식으로 SNS에서 어떤 상품이 언급되는지 보고 소싱한다면 트래픽이 보장된 상품 판매를 하는 것이다. SNS를 유심히 살펴보면서 어떤 상품을 올릴지 꾸준히 확인하면 사람들이 찾는 아이템을 올려 무난하게 판매로 연결할 수 있다.

3) 쇼핑 사이트에 단서가 있다

네이버 쇼핑의 해외 직구 서비스 화면

국내 오픈마켓을 살펴볼 수도 있다. 대부분의 쇼핑 사이트는 해외 직구 카테고리나 검색 필터를 제공한다. 카테고리별로 어떤 아이템이 많이 팔리는지 알 수 있다. 판매자 쇼핑몰을 가보면 어떤 제품을 팔고 있는지 확인할 수 있다. 리뷰 내용을 자세히 살펴보면서 사람들이 제품의 어떤 측면을 보고 만족하고, 불만족하는지 알 수 있다.

쇼핑 사이트에 흘려져 있는 고객이나 판매자의 흔적을 추적해 나가면서 어떤 제품에 니즈가 있는지 살펴봐야 한다. 이걸 악용하는 중국 판매자들은 대량으로 하나의 쇼핑몰을 복사해서 판매 가격을 100원씩 낮춰서 올린다. 쿠팡에는 이런 판매자가 정말 많다.

4) 해외에서 인기 있어야 국내서도 팔린다

상품을 소싱할 땐 해외에서 인기 있는 제품을 올려야 한다. 아무래도 사람의 눈은 비슷하고 해외에서 인기 있는 제품이 국내에 소개되는 경우가 많다. 그래서 아마존 제품을 소싱할 때도 리뷰 숫자를 보고 소싱을 진행해야 한다. 구매건수가 많아야 사람들이 많이 써보고 오랜 기간에 걸쳐 살아남은 상품이라고 할 수 있다. 그래서 해외 제품을 소싱할 때 구매후기 숫자를 살펴보면서 상품을 필터링한다. 기본적으로 천 개 이상의 리뷰가 달린 제품을 소싱하는 편이며, 개수가 적게 나오는 제품은 리뷰 개수를 하향 조정해 소싱을 진행한다.

5) 나의 관심분야가 있다면?

본인이 관심 있고 전문적으로 아는 분야가 있다면 해당 상품군을 소싱하는 것도 좋다. 남자는 보통 전자기기에 관심이 많다. 나도 처음 구매대행을 시작할 땐 전자기기를 많이 올렸다. CS가 들어왔을 때 아무래도 식품이나 건강식품보다 전문적으로 응대할 수 있었다. 자신이 관심이 많은 분야의 상품이나 전문성을 가진 상품의 경우는 다뤄보면 확실히 도움이 많이 된다.

꼭 관심분야가 아니어도 괜찮다. 나의 경우는 위에서 제시한 식품 및 화장품에 관심이 없고 종류도 잘 알지 못한다. 그래도 잘 판매하고 있다. 상품을 정하지 않고 진행하고, 전문적으로 할 수 있는 상품이 있다면 추가적으로 등록해 보면 된다. 장사에 정해진 건 없다. 팔릴 것 같으면 다 팔아보고 안 팔리면 내리면 된다.

4

영원히 해야 할
리스팅 쉽게 하는 법

1) 상품 정보 엑셀 정리하기

리스팅은 상품 업로드를 위해서 데이터를 정리하는 과정을 말한다. 상품을 찾고 상품 정보를 정리하고, 이미지를 저장하고, 판매가 및 마진 계산하고 등등 상품 업로드 전까지의 모든 단계를 리스팅이라고 한다. 판매하는 상품의 리스트를 만들어 나가는 과정이라고 간단하게 정리할 수 있겠다.

앞서 소개한 구글 스프레드시트에 엑셀로 상품 정보를 정리한다. 아마존 위주로 소싱한다면 정글 스카우트 크롬 확장 프로그램을 써서 검색한 아마존 상품을 크롤링한다. 그러면 영문 상품명, 브랜드, 가격, 카테고리, 판매자 유형 및 ASIN 코드 등을 얻을 수 있다.

정글 스카우트 아마존 상품 정보 크롤링 실행 화면

여기서 얻은 정보들을 엑셀로 정리한다. 아마존은 ASIN 코드라는 게 있다. 'Amazon Standard Identification Number'의 약자다. 데이터베이스를 관리하기 위한 키값이라고 볼 수 있다. 이 ASIN 코드로 상품 중복을 걸러낼 수 있다. 엑셀에서 지원하는 COUNTIF 함수를 활용해서 ASIN 코드 개수를 카운팅해서 2 이상이 나오면 기존에 등록하거나 정리한 제품으로 인식해 제거해 주는 것이다. 아마존뿐만 아니라 다른 사이트도 상품 고유 번호를 갖고 있는 경우가 많다. 그런 고유 번호를 통해서 사이트에 있는 상품의 중복 등록을 피할 수 있다.

> **엑셀 수식 =COUNTIF(B:B,B6) / B열에 있는 ASIN 코드 중 중복이면 2 이상으로 표시**

상품을 등록할 때 모든 마켓은 같은 카테고리 제품을 이어서 올리는 게 유리하다. 같은 카테고리 제품을 복사, 등록해서 올리면 상품명, 가격, 이미지만 변경해서 올리면 되기 때문이다. 나머지 공통 정보를 다시 입력할 필요가 없어 편하게 업로드가 가능한 장점이 있다. 그래서 나는 같은 카테고리 제품을 10~15개 정도 이어서 소싱한다. 그러면 카테고리가 섞인 제품을 10~15개 등록할 때보다 시간이 절반 이하로 줄어든다.

브랜드별로 등록하는 방법도 있는데 이건 카테고리 확인하고 제품군별 상품 고시 확인에 많은 시간이 걸린다. 그래서 브랜드별 제품 등록보다는 카테고리별 제품 등록을 선택해서 진행한다.

정글 스카우트 크롤링 후 엑셀로 추출한 상품 정보 화면

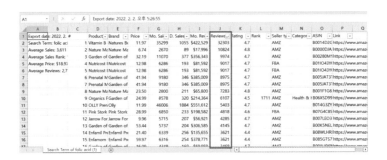

리뷰 수 순으로 정렬한 상품 정보 엑셀 파일 화면

정글 스카우트로 상품을 긁어서 상품 리뷰 개수로 필터링한 후 기준에 미달하는 제품은 삭제한다. 이후 구글 시트에 복사해서 정리한 아이템 정보를 하나씩 복사하고 각 아이템 중량 정보를 확인한다. 중량 정보에 따라서 배송대행지별 운송료가 결정된다. 각 중량에 맞는 운송료 테이블을 갖고 vlookup 함수 true로 연결해 주면 테이블 구간을 찾아서 배송

료가 책정된다.

배송대행지에선 부피나 무게 중 큰 걸로 운송료를 측정한다. 가벼운데 부피가 큰 제품은 조심해서 중량 설정을 해야한다. 가장 대표적인 예가 가벼운데 부피가 큰 봉지 과자다. 이런 것들은 중량이 1kg도 안되는데 배송비는 4~5kg 제품과 동일하게 나오는 경우가 빈번하다.

패킹 구성에 따라 몇 개의 상품을 묶음으로 할지 정할 수 있다. 이 경우 배송비가 패킹 구성에 따라 자동으로 조절되도록 식을 세팅할 수 있다. 곱하기와 vlookup을 활용하면 쉽게 중량(부피)에 따라서 설정된 운송료를 불러올 수 있다. 이 운송료는 실제 판매가 되고 나면 해당 제품 및 비슷한 제품을 수정하는 방식으로 진행하며 정확도를 올려가야 한다.

2) 판매 가격 및 마진 설정하기

가장 중요하다고 볼 수 있는 판매 가격 및 마진이다. 판매 가격을 책정하기 위해선 내 상품을 현지에서 구매해서 배대지에 도착하고, 출고돼 고객에게 도달할 때까지의 원가를 정확하게 예측해야 한다.

미국은 주별로 세금이 다르다. 그래서 제품군별로 아이템을 어느 주에 보내서 출고시키느냐에 따라서 10% 정도의 구

매단가 차이가 나기도 한다. 오리건 지역은 모든 제품에 대해
세금이 없어 아주 유리하다. 각 주별로 세금 요율이 다르기
때문에 배송하는 상황에 맞춰 물건을 배송시킬 지역을 고려
해 배대지를 설정하면 된다.

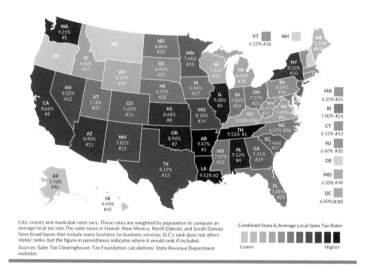

미국 주별 세금표. 오리건주와 델라웨어주는 세금이 0%다.

아마존 프라임을 이용하면 미국 내 배송비는 대부분 무료
다. 세금을 포함한 제품 가격(달러)에 환율을 곱한다. 환율은
변동성이 있기 때문에 5% 정도 추가한다. 이렇게 하면 통관
할 때 드는 비용이 커버되면서 환율 변동에 따른 리스크도 예

방할 수 있다.

여기에 배대지에서 국내로 운송되는 운송료가 있다. 배대지별로 중량(부피)에 따라서 가격이 결정되기 때문에 중량을 알면 쉽게 가격을 구할 수 있다. 이렇게 산출한 원가에 배송비를 추가하고 국내 마켓 판매 수수료와 나의 마진을 더하면 최종 판매가가 나온다. 산식을 보면 아래와 같다.

판매 가격=(달러 가격+미국 세금) x 환율 + 배송비 / (100% - 국내 마켓 수수료 - 마진)

상품 가격 30달러, 미국 세금 0%, 배송비 2만 원, 환율 1,180원, 국내 마켓 수수료 15%, 마진 30%

예시 : 100,727원 = {($30 + 0%) x 1,180 + 20,000} / (100%-15%-30%)

최종 판매가 계산식

나는 기본적으로 마진을 30%로 설정한다. 조금 적게 설정하면 20%까지도 가능하다. 부업으로 하는데 건수가 너무 많으면 주문 처리에 문제가 생길 수 있으니 최소 20%로 하자. 확실히 마진이 낮으면 주문은 많이 들어오지만, 나는 조금 덜 팔아도 30%를 지키려고 노력하고 있다.

3) 국내 마켓에 팔기 위한 번역

해외 상품을 팔지만 파는 곳은 국내이므로 국내 고객이 이해하기 쉽게 번역을 해야 한다. 상품 상세 페이지도 번역하면 좋지만, 초반부터 상품 등록에 너무 많은 정성을 쏟으면 지속할 힘을 쉽게 잃을 수 있다. 우선 상품명 번역만 진행해서 등록하고 나중에 판매가 되거나 유입이 늘어날 때 상세 페이지에 대한 번역을 고민해도 된다.

상품명 번역은 기본적으로 각 마켓에서 제공하는 가이드라인대로 하는 게 좋다. 쿠팡, 스마트스토어에서 상품명 설정에 대한 매뉴얼을 제공하고 있다. 기본적인 사항으론 간결하게, 중복되는 단어 사용을 피하고, 고객이 알아보기에 깔끔한 상품명 설정에 높은 검색 점수를 주고 있다.

기본적으로 영문 상품명을 한글로 번역하는 작업을 진행할 수 있고, 상품 이미지에 있는 단어를 번역할 수도 있다. 브랜드는 상품 등록 시 지정된 입력란에 넣어주는 게 좋다. 상품명만 봐도 상품의 용량 및 개수를 정확하게 파악할 수 있을 정도로 번역하는 게 좋다. 어찌 보면 이게 가장 중요하다. 이 상품을 사면 어떤 용량의 제품이 몇 개가 올지 아는 게 고객 입장에선 제일 중요하다. 상품명이 명확하지 않으면 배송 완료 후 고객이 생각했던 수량과 달라 반품 받는 경우가 사업

초기에 종종 있었다.

상품명 번역 예시. 트루 니아젠 300mg 에이지베터 90베지 캡슐 4병
(총 360캡슐)

상품명은 검색 노출과 고객이 제품 정보를 얻을 때 가장 중
요한 항목이다. 정성 들여 번역하는 게 좋다. 스스로 해보고
반복 작업에 질리면 매뉴얼을 만들어서 아르바이트로 번역
작업을 진행하는 게 좋다. 재택 아르바이트로 건수별로 비용
을 정산할 수 있다. 뒤에 설명한 레버리지 개념인데 부가가
치가 높지 않은 일은 모두 아웃소싱하고 자신은 핵심적인 의
사 결정에 시간을 써야 한다. 현재 나는 직원 1명에게 번역을
전담시키고 있다. 필요할 땐 재택 아르바이트를 고용해 진행
하고, 직원이 검수하는 시스템으로 운영 중이다. 번역 비용은

건당 200~300원 정도로 책정한다. 자신이 할 수 있는 시간당 건수를 시급으로 나눠서 계산하면 된다.

4) 이미지 정리 쉽게 하는 법

상품명 번역과 더불어 이미지 정리는 국내 마켓에 해외 제품을 소개할 때 필수 요소다. 이미지는 상품 정보를 담고 있는 깔끔한 이미지로 저장해 상품 등록에 사용해야 한다.

이미지 정리는 반자동 프로그램을 사용하면 한 번에 해결할 수 있다. 수동으로 다운받는 방법은 돈이 들지 않으나 시간이 너무 많이 걸리고 번거롭다. 반자동 프로그램에 링크만 넣으면 바로 이미지를 수집해 내가 사용할 이미지를 선택하고, 순서도 조절할 수 있다.

마켓별로 요구하는 이미지 사이즈가 다른데 대부분 1000 x 1000 픽셀로 준비하면 된다. 이것도 반자동 프로그램에서 자동 지원하는 리사이징으로 진행할 수 있다. 이렇게 되면 따로 다운로드해서 리사이징해야 하는 과정을 없앨 수 있다.

나는 이미지를 정리할 때 '쿠대'라는 반자동 프로그램을 사용한다. 타오바오 및 아마존 전체 국가를 지원하며 위에서 말한 이미지 정리 기능을 모두 갖추고 있다. 아마존 링크를 넣으면 이미지를 끌어오고, 1000 x 1000 사이즈로 리사이징해

주며, 사용할 이미지를 선택하고, 순서도 조절할 수 있다.

5) 리스팅 플로우 총정리

전체적인 리스팅 흐름을 나의 실무에 맞춰 정리해 보겠다. 판매내역이나 직구 코너에서 인기 있는 제품을 아마존에서 찾는다. 아마존에서 찾아 프라임 제품으로 필터링하고 정글스카우트 크롬 확장 프로그램으로 크롤링한다. 엑셀 파일이 나오면 아마존 리뷰 수나 카테고리 적합도를 체크한다. 그리고 엑셀 파일 안에서 해당 제품의 스마트스토어 카테고리와 키워드(태그)를 확인해 넣어둔다. 정리하는 과정은 리뷰 수 기준으로 정렬하고, 이후엔 아마존이 판매하는 제품을 선택한다. 아마존 배송이 아닌 제품은 배송이 느린 경우가 많다. 미국 내 도소매업체가 아마존에 물품을 공급하고 배송은 아마존이 진행하는 FBA(Fulfillment by Amazon)와 아마존이 자체 판매하는 AMZ(AMAZON) 이외엔 모두 제외하면 된다. 그러면 한 카테고리에 10~15개의 제품이 리스팅된 엑셀 파일을 얻을 수 있다. 이렇게 엑셀 파일을 계속해서 만들어간다.

	A	B	C	D	E	F	G	H	I	J	K	L	M	N	O	P
				Product Name	Brand	Price	Mo. Sales	D. Sales	Mo. Reve	Reviews	Rating	Rank	Seller typ	Category	ASIN	Link
1	Export date: 2021. 5.		#													
2	Search Term: folic aci		1	Nature Made Folic Acid 400 mcg (665	Nature M	18.85	303	7	$5,712	6540	4.8	55582		Health &	B0029OOI	https://w
3	Average Sales: 1,214		2	Nutricost Folic Acid (Vitamin B9) 100(	Nutricost	12.95	7814	200	$101,191	6373	4.7	2513	FBA	Health &	B01IO43Y	https://w
4	Average Sales Rank: 4		3	Nature's Bounty Folic Acid Suppleme	Nature's E	15.76	2214	95	$34,893	2518	4.7	6045	AMZ	Health &	B00E4MR	https://w
5	Average Price: $17.22		4	Nature's Bounty Folic Acid 1 mg 150 `	Nature's E	17.80	1129	39	$20,096	1526	4.8	14747	FBA	Health &	B00BMEF	https://w
6	Average Reviews: 1,0(		5	Nature's Blend Folic Acid 1000 mcg 1	Nature's E	18.91	513	17	$9,701	1283	4.8	29329	FBA	Health &	B004KWI.	https://w
7																
8	중복 검수 키워드			비오틴 콜라겐 저분자 펩타이드 맥주효모 5000mcg 2병												
9																
10	카테고리			식품>건강식품>비타민제>비오틴												
11	태그			솔가비오틴5000,나우푸드비오틴,비오틴콜라겐,비오틴,저분자콜라겐펩타이드,약국비오틴,콜라겐,비오틴 맥주효모,비오틴5000,콜라겐과비오틴												

정글 스카우트 크롤링 엑셀 정리 버전
(스마트스토어 기준 카테고리 및 태그 작업 파일)

각각의 정글 스카우트 엑셀이 정리되면 해외 구매대행 엑셀 파일에 상품 정보를 붙여넣기 한다. 상품명, 브랜드, 가격, 링크, ASIN 코드를 넣고, 중량 정보는 제품별로 하나씩 무게 (부피)를 확인해 줘야 한다. 그렇게 입력하면 최종적으로 판매가와 마진이 나온다.

스마트스토어 판매가	쿠팡 판매가	쿠팡 외 판매가	스마트스토어 마진	마진율
40,000원	46,500원	56,900원	12,000원	30%

마켓별 판매가 및 마진, 마진율

이렇게 정리된 엑셀 파일과 링크를 참고해서 상품명 번역 작업을 진행한다. 상품 이미지에 적힌 문구 기준으로 번역하고, 마켓별로 지정하는 길이에 맞게 글자 수를 맞춘다. 보통 100byte, 50byte 기준으로 2가지 버전의 상품명을 만든다. 상품명에는 제품 이름, 용량, 개수가 정확하게 들어가야 한다.

Nature Made Super B-Complex 140정 1병
100byte 번역 : 네이처 메이드 슈퍼 비콤플렉스
50byte 번역 : 네이처 메이드 슈퍼 비콤플렉스 140정 1병

이렇게 등록 준비가 끝나면 반자동 프로그램으로 상품 등록을 진행한다. 링크만 있으면 상품을 바로 마켓에 업로드할 수 있다. 판매 후 관리를 위해서 반자동 프로그램 이외에 엑셀 파일로 상품 번호를 저장해두고, 판매 가격 산식에 따라 마켓별 판매 가격을 책정한다.

5

사람들이 좋아하는 건 따로 있다
- 데이터 · 검색어

1) 중소형 키워드란?

상품명, 태그 설정과 상품 소싱의 방향을 제시해 주는 키워드에 대해서 살펴보자. 앞에서 나온 소싱 방법은 판매 건수가 있을 만한 제품을 기반으로 소싱하는 것이다. 이제 알려줄 방식은 데이터를 기반으로 검색 수, 상품 수의 비율을 확인해 경쟁이 낮은 상품과 팔릴 만한 상품을 골라 나가는 과정이다.

키워드는 상품명이나 태그에 사용되는 단어를 말한다. 쉽게 생각하면 인스타그램에 다는 해시태그나 블로그에 들어가는 제목 및 태그를 생각하면 된다. 상품명과 태그에 들어가는 단어가 내 쇼핑 사이트에서 고객이 검색을 했을 때 상품을 노출시키는 데 가장 큰 역할을 한다. 키워드 세팅은 소싱에 이어 가장 중요한 요소다.

중소형 키워드는 무엇일까? 온라인에 상점을 차리는 것도 오프라인 식당을 차리는 것과 비슷한 방식으로 생각할 수 있다. 일단 유동인구가 많은 곳에 위치해야 하고, 손님이 가게에 들어와서 음식을 먹도록 유도해야 한다. 중소형 키워드는 신입 셀러가 유입을 만들어 판매 가능하도록 하는 것과 유사하다.

대형 키워드는 검색량이 많은 단어를 의미한다. 검색량이 많으니 그만큼 사람들이 많이 찾는 키워드이고, 경쟁이 치열할 수밖에 없다. 신입 셀러가 이런 대형 키워드를 가지고 싸우기는 역부족이다. 마치 이제 고등학교를 졸업한 야구 선수가 메이저리그로 바로 진출해서 경쟁하는 것과 비슷한 상황이다. 수준에 맞는 리그를 찾아야 한다. 이럴 때 세팅해 주는 게 중소형 키워드다. 중소형 키워드는 검색량은 어느 정도 나오면서 상품 수가 적은 키워드를 의미한다. 검색 수 대비 상품 수의 비율을 경쟁 강도라고 한다. 비율이 1.0 이하인 키워드(제품)를 중소형 키워드라고 한다. 수치로 표현하면 대부분 검색량이 500~1,000회 이상이며 상품 수가 500개 이하인 제품이다. 기준은 사람마다 설정하기 나름이다.

중형 키워드는 검색 수 5,000회 이상을 의미하고, 대형 키워드는 검색 수 1만 회 이상을 의미한다. 이렇게 대형 키워드로 갈수록 검색 수가 올라가고 그만큼 찾는 사람이 많으니 경쟁이 치열하다. 그래서 이런 대형 키워드는 소형, 중형에서 체력을 쌓고 올라가서 경쟁해야 한다. 체력을 쌓는 건 구매건수와 구매후기를 쌓는 것을 의미한다. 구매건수와 후기가 쌓이면 상품 지수가 올라가기 때문에 보다 많은 검색 수 키워드에서도 경쟁할 수 있다.

중소형 키워드는 세부 키워드라고 봐도 무방하다. 세부 키워드로 향하는 과정은 고객이 구매지점에 가까워지는 것과 유사하다. 예를 들어 어떤 사람이 책상을 사고 싶어서 인터넷으로 알아본다. 그러다 '원목 책상'이 좋다는 것을 알게 된다. 원목 책상이라는 키워드를 찾다 보니 '원목 전동 책상'이라는 게 끌린다. 이러면 이 사람은 마지막 구매 결정 시점에 '원목 전동 책상'이라는 키워드로 검색해서 구매할 것이다.

쇼핑 연관키워드

-	키워드	PC 검색량	모바일 검색량	총조회수	상품수	비율
·	원목전동책상	0	10	10	1,236	123.600
·	원목책상	2,730	17,600	20,330	559,660	27.529
·	책상	31,500	155,600	187,100	9,718,675	51.944

셀러마스터 키워드 비율(경쟁 강도) 확인 화면

위 이미지는 '셀러마스터'라는 사이트에서 책상, 원목 책상, 원목 전동 책상의 검색 수와 상품 수를 비교한 것이다. 이렇게 보면 세부 키워드로 가면서 상품 수가 확 줄어드는 것을 볼 수 있다. 원목 전동 책상은 오히려 비율(경쟁 강도)이 높은 걸 볼 수가 있는데 상품 수도 적으면서 비율도 좋은 키워드(상품)를 발굴하는 게 중소형 키워드를 찾는 목적이다. 그러면 어떤 방식으로 위와 같이 키워드와 경쟁 강도를 비교하는지 알아보자.

2) 중소형 키워드 찾는 법

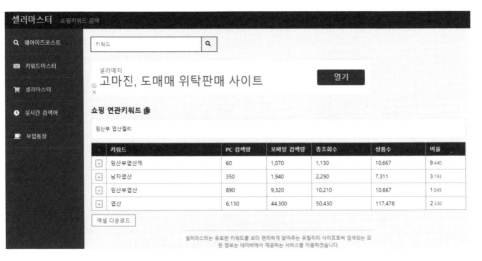

셀러마스터 '엽산' 검색 화면

중소형 키워드는 셀러마스터를 이용해 찾으면 된다. 셀러 마스터는 키워드를 입력하면 네이버 쇼핑의 조회 수와 상품 수, 비율(경쟁 강도)을 알려주는 서비스다. 키워드를 하나씩 입력하면서 비율이 좋은 키워드를 찾으면 된다.

기본적으로 어떤 제품을 올릴지 결정한 상태에서 키워드를 찾는 경우가 많다. 네이버에서 제품명을 검색하면 '연관 검색 어'나 '자동완성 키워드'로 키워드가 추천된다. 이것들을 하나 씩 셀러마스터에 넣어보면 조회 수와 상품 수를 파악할 수 있 다. 이런 식으로 비율이 좋은 키워드를 찾아가는 방식이 있다.

네이버에서 '엽산' 검색 시 노출되는 자동완성 키워드

연관 검색어

엽산효능   솔가 엽산   임산부 엽산 복용시기   엽산 추천   솔가 엽산 400   임신부 엽산

임산부 엽산 추천   활성엽산   엽산 영어로   남자 엽산

네이버에서 '엽산' 검색 시 노출되는 연관 키워드

네이버 쇼핑에서 '엽산' 검색 시 노출되는 연관 키워드

다양한 소스에서 나오는 엽산 관련 키워드를 하나씩 셀러 마스터에 넣어서 검색해 본다. 검색 수 500회 이상, 상품 수 500개 이하로 세팅하고 나오는 상품 수에 따라서 필터 조건을 조정하면서 키워드를 찾아 나간다. 이렇게 하다 보면 검색

수 및 상품 수가 중소형에 부합하는 키워드가 나온다.

간단하고 효과적인 방식은 상위 노출된 판매자들이 어떻게 키워드를 세팅했는지 보는 것이다. 그들이 쓴 키워드를 단어별로 뽑아내 경쟁 강도를 분석하고 사용할 수도 있다. 어찌 보면 이게 가장 수월하게 유효한 키워드를 뽑아내는 과정이다.

3) 중소형 키워드 · 태그 세팅하기

검색 엔진은 띄어쓰기를 유지한 상태에서 단어를 조합해 검색 결과를 보여준다. 검색 엔진 입맛에 맞게 상품명 및 태그를 작성해야 한다. 최대한 띄어쓰기를 활용해서 다양한 키워드에 걸리도록 하는 게 상품명 작성의 핵심이다.

상품명의 배치는 소형 - 중형 - 대형 키워드 순이 좋다. 경쟁 강도가 낮은 키워드부터 먼저 배치해 대형 키워드 순으로 흘러가는 것이다. 다양한 방식으로 중소형 키워드 찾는 방법을 설명하겠다.

엽산 Q검색

1위 카테고리 식품>건강식품>영양제>엽산(100%)
이 키워드는 위 카테고리에서 노출됩니다.

엑셀다운로드   공유하기

실시간 상위랭킹 상품

1	2	3	4	5	6	7	8
[3+1]리노 브맥더...	4세대 활성 활성엽...	두아솔어처 엽산 비...	종가 엽산 400/800	뉴트리케어 엽산부...	종가 엽산 400/100...	프리슬라 맥니브엽...	뉴트리케이드 엽산...
25,800원	33,000원	24,890원	10,160원	39,000원	16,400원	45,000원	38,900원

키워드 얼마나 검색하지?

월 검색량	상품량	키워드 경쟁률	카테고리 경쟁률
52,140회	121,870개	2:1	17:1

가격 얼마에 팔리지?

상품 평균가	TOP10 상품 평균가	평균 광고클릭비	1위 광고클릭비
75,879원	31,715원	2,710원	11,900원

시장규모 얼마나 팔리지?

최근 6개월 판매량	최근 6개월 시장규모	가장 많이 팔려요	가장 적게 팔려요
71,491개	22억5,951만원	4월	11월

판다랭크에서 '엽산' 검색 결과 화면

첫 번째로는 중소형 키워드 추출 사이트를 이용하는 방식
이다. 해당 사이트로는 판다랭크, 아이템스카우트, 헬프스토
어, 셀퍼 등이 있다. 판매할 제품이 정해져 있다고 가정하고
제품 찾는 방식을 설명하면 우선 판매할 카테고리부터 확인
해야 한다. 판다랭크에서 '엽산'을 검색해 보면 엽산에 대한
카테고리 정보가 나오고 해당 제품 정보가 하단에 펼쳐진다.
월 검색량, 상품 수, 키워드 경쟁률 등의 핵심 정보가 나온다.
가격 및 판매량 정보도 함께 볼 수 있다.

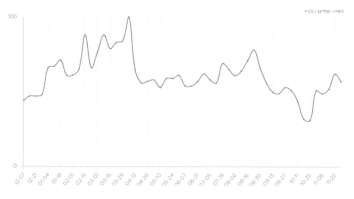

엽산의 판다랭크 연간 검색량 추이

하단에는 판매량 추세를 알 수 있는 그래프를 보여준다. 검색량 추세를 통해 꾸준히 인기 있는 제품인지 아닌지 알 수 있다. 트렌드 하방 추세면 피하는 게 좋다. 기간별로 유효한 아이템의 경우 업로드하고 나서 노출될 시점에 이 키워드의 검색량이 어떤 추세를 보이는지 확인할 필요가 있다.

기간별로 유효한 아이템은 시즌성 상품을 말한다. 겨울이 되면 사람들은 난방 관련 제품을 많이 찾는다. 여름이 되면 물놀이나 피서 관련 용품을 많이 찾는다. 이렇게 시즌별로 수요가 어느 정도 보장되는 제품을 찾아서 올리는 게 필요하다. 시즌성 수요는 트래픽을 보장해 준다. 이런 트래픽을 가져올 수 있다면 일반 상품에 비해 더 많은 판매 기회를 가질 수 있다.

연관 검색어도 바로 확인할 수 있다. 이 데이터는 네이버 연관 검색어와 동일하다. 따로 검색하지 않아도 연관 검색어를 알 수 있다.

연관 검색어
네이버 검색시 연관되는 검색어입니다

키워드	검색량(PC)	검색량(Mobile)	상품량	경쟁률	쇼핑전환
엽산효능	1,700	14,700	2,095	0.12	1.23
솔가엽산	1,490	7,790	8,582	0.92	0.12
활성엽산	1,250	7,370	6,037	0.7	1.78
임산부엽산복용시기	650	7,420	30	0	0.03
솔가엽산400	580	5,680	2,334	0.37	0.05
엽산추천	460	4,600	121,875	24.08	0.81
남자엽산	410	2,080	7,746	3.11	0.9
임산부엽산추천	310	3,230	11,282	3.18	1.88
엽산남자	160	820	7,742	7.9	0.15
엽산영어로	120	570	1	0	0

판다랭크의 '엽산' 연관 검색어 리스트. '엽산 효능' 키워드는 과대 및
허위 광고로 분류될 수 있어 제외해야 한다.

연관 검색어 하단에는 연관 키워드가 뜬다. 네이버 광고에서 엽산이라고 쳤을 때 나오는 관련 단어들을 하나씩 보여준다. 실제로 검색해 본 결과 네이버 검색 광고에서 추출해 보여주는 걸로 파악된다. 보다 다양한 키워드를 보고 싶다면 네이버 검색광고에 별도 가입한 후 '키워드 도구'에서 확인할 수 있다.

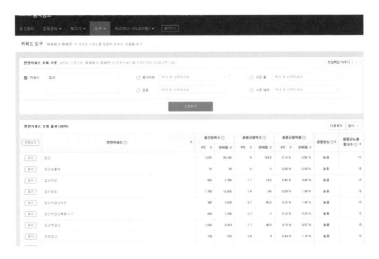

네이버 검색 광고 내 키워드 도구에서 엽산 검색 화면

이렇게 연관 검색어를 찾고 연관 키워드에서 중소형 조건
을 충족하는 키워드를 뽑는다. 제목에 쓸 중소형 키워드, 태
그에 사용할 키워드 10개를 뽑는다. 쿠팡은 20개까지 지원하
는데 다른 사이트에 공통 적용하기 위해 10개만 뽑아서 진행
해도 무방하다.

KEYWORD FINDING
키워드 찾기

검색 로봇과 SNS데이터를 매일마다 수집한 정보성 데이터를 판다 분석해서 알려드립니다. 내 상품과 딱 맞는 키워드를 찾아보세요!

카테고리로 찾기 | 키워드로 찾기

식품

건강식품

영양제

엽산

· 카테고리로 찾기
상품을 판매할 카테고리별로 언기 가능한 키워드 등을 보여줍니다.

쇼핑카테고리

식품 > 건강식품 > 영양제 > 엽산
2021년 10월 22일 00시 기준 | 카테고리 경쟁도 GOOD (120위 / 5039개)

황금키워드 　 브랜드추가 　 검색필터 　 숫자로보기 　 엑셀다운로드

키워드	경쟁률	쇼핑전환	광고비	검색량	상품량	평균가
엽산	중급	최악	최악	51,250	118,032	22,480
임산부영양제	중급	나쁨	최악	18,360	50,219	26,370
임산부엽산	중급	최악	최악	9,840	10,885	25,690
활성엽산	최사	중간	나쁨	8,430	5,819	26,710
임신준비영양제	최사	나쁨	최악	6,810	5,643	61,080
엽산추천	나쁨	나쁨	최악	4,880	118,032	22,480
임신초기엽산	최사	최악	최악	4,000	1,727	47,650
임신초기영양제	최사	최악	최악	3,970	3,122	47,960
활성형엽산	최사	중간	나쁨	3,600	2,635	35,170
임산부엽산추천	중급	중간	최악	3,380	10,885	25,690
비타민b9b12엽산	중간	최악	최사	3,360	28,972	24,970
임신준비엽산	최사	최악	최악	3,220	2,672	44,090
엽산제	최악	최악	나쁨	3,100	118,032	22,480

판다랭크 카테고리 설정 후 키워드 찾기 화면

키워드는 내가 올릴 제품의 카테고리에 해당해야 한다. 카테고리별로 효과가 있는 키워드가 다르다. 카테고리가 맞는지 꼭 확인해야 한다. 정말 쓸만한 키워드가 연관 검색어나 추천 검색어에 없을 땐 카테고리를 먼저 선택하고 해당 카테고리에 내가 파는 제품과 관련된 키워드가 있는지 살펴보면 된다. 이렇게 카테고리로 키워드를 확인할 수 있는 기능도 여러 키워드 추출 사이트에서 제공한다. 판다랭크 화면을 한번 살펴보자.

제외해야 할 키워드는 수입식품 면허에서 사용할 수 없는

것들이다. 신체 기관이나 부위를 설명하거나, 효능을 의미하는 단어는 사용할 수 없다. 기본적으로 구매대행으로 파는 건강식품은 건강기능식품이 아니다. 건강식품이라는 용어에서 알 수 있듯이 과자나 음식을 파는 것으로 생각하고 상품명을 적거나 태그를 설정해야 한다. 실제 식약처에서 받은 피드백이 해외 과자를 판다고 생각하고 건강식품을 대하라는 것이다. 상품 고시도 건강기능식품이 아니라 가공식품으로 해야 한다.

다음으로 키워드를 뽑는 방법은 쇼핑몰에 내가 올릴 제품을 검색창에 타이핑했을 때 뜨는 추천 검색어다. 이건 쇼핑몰마다 다르게 나올 수 있다. 그래서 쿠팡, 스마트스토어 같이 검색량이 많은 사이트의 추천 키워드를 활용하는 게 좋다.

네이버 쇼핑에서 엽산 검색 시 나오는 추천 단어들을 확인하고 쓸만한 키워드가 있다면 경쟁 강도 점검 후 사용한다. 쿠팡도 마찬가지다. 쇼핑몰 자체에서 추천하는 단어는 사람들이 많이 검색한다는 의미다. 이런 키워드를 잘 세팅하면 효과가 크다. 다양한 소스에서 키워드를 수집하고 경쟁 강도를 확인하고 정성 들여 상품명과 태그를 세팅하면 유입이 늘어나고 판매로 이어진다.

키워드 추출 사이트에서 경쟁 강도를 바로 확인할 수 있는 경우가 있고, 추천 검색어처럼 경쟁 강도를 바로 확인할 수 없는 경우도 있다. 이럴 땐 셀러마스터를 활용해서 키워드 검색 수 대비 상품 수 비율을 계속 확인해야 한다. 나는 어디에서 찾은 키워드든 한군데 모아서 같이 보는 편이다. 이렇게 하나의 상품을 올릴 때 10개의 키워드와 중소형 키워드를 모은다.

리스팅에 더해서 상품명, 태그 설정까지 하면 상품 등록을 위한 준비가 모두 끝났다. 이 단계에서는 상품 코드, 등록할 카테고리, 상품명, 마켓별 가격 정보, 등록할 상품 이미지 3~4장, 태그 설정이 준비돼 있어야 한다.

6

상품 등록
이렇게만 하자

1) 상품 등록 스텝 바이 스텝

상품 등록은 키워드와 태그 세팅 실력으로 승부하는 스마트스토어를 기준으로 설명하겠다. 모든 쇼핑몰의 기준이 될 수 있는 플랫폼이 스마트스토어다. 대다수 제품을 네이버에서 검색하는 경우가 많기 때문에 네이버 기준으로 설명하는 게 다른 마켓 제품을 세팅할 때도 유리하다. 앞에서 간단하게 언급했지만 스마트스토어에서 제공하는 가이드에 따른 상세한 설명을 추가한다.

상품등록 •필수항목

복사등록

카테고리 • ⑦

카테고리명 검색   카테고리명 선택   카테고리 템플릿   템플릿 추가

카테고리명 입력

상품과 맞지 않는 카테고리에 등록할 경우 강제 이동되거나 판매금지, 판매제지 될 수 있습니다

상품명 • ⑦

0/100

판매 상품과 직접 관련이 없는 다른 상품명, 스팸성 키워드 입력 시 관리자에 의해 판매 금지될 수 있습니다.
유형 상품 유사문구를 무단으로 도용하여 -스타일, -st 등과 같이 기재하는 경우 별도 고지 없이 제재될 수 있습니다.
상품명을 검색최적화 가이드에 잘 맞게 입력하면 검색 노출에 도움이 될 수 있습니다.   상품명 검색품질체크

판매가 •

판매가 •   숫자만 입력   원   도움말

네이버 쇼핑을 통한 주문일 경우 네이버쇼핑 매출연동수수료 2%가 네이버페이 결제수수료와 별도로 과금됩니다 수수료안내 ›
판매가, 할인가를 활용한 비정상 거래는 자동 탐지되어 판매지수에 포함되지 않으니 유의하주세요. 안내 ›

스마트스토어 상품 등록 화면

스마트스토어 등록 화면이다. 백지의 공포처럼 무엇을 채워야 할지 잘 모른다. 일단 붉은 점이 찍혀 있는 부분이 필수 항목이다. 이 부분만 입력해도 상품이 등록된다. 스마트스토어에서 판매하려는 제품 카테고리 권한을 획득한 이후에 상품을 등록할 수 있다. 구매대행 식품, 건강식품을 등록하려면 수입식품 면허 교육 및 면허 획득을 한 이후 승인을 얻어야 한다.

1> 복사 등록 - 가장 먼저 보이는 항목이다. 만약 같은 카테

고리 상품을 이어서 등록한다면 여러 부분이 공통적으로 들어간다. 복사 등록을 펼치고 제품을 선택하면 해당 제품 등록 정보를 자동으로 끌어온다. 정보를 새로 입력하지 않아도 기본 정보가 채워진 상태로 상품명, 가격, 이미지, 판매자 코드 정도만 변경하고 등록하면 된다. 같은 카테고리 제품은 같은 키워드를 사용해서 올릴 수 있어 생산성을 높일 수 있다.

상품명 검색품질 체크

· 검색에 적합한 상품명 입력을 위한 가이드입니다.
· 제공하기 어려운 품질 기준도 있으므로, 자세한 사항은 검색최적화 가이드의 '상품명' 부분을 참고해주세요.

검색품질 체크항목에 맞게 잘 입력되었습니다.

자세한 검색최적화 가이드가 궁금하다면? 검색최적화 가이드 확인 ›

확인

스마트스토어 상품명 검색품질 체크 화면

2> 상품명 - 앞서 번역하고 세팅한 상품명을 넣는 부분이다. 상품명을 입력하고 난 뒤에 상품명 검색품질 체크를 눌러본다. 그러면 상품명이 스마트스토어 검색 기준에 맞게 세팅됐는지 알 수 있다. 하나씩 등록할 땐 검색품질 체크를 눌러

보고 상품 등록을 진행하는 편이다. 이 과정에서 '검색 최적화 가이드'를 확인할 수 있다.

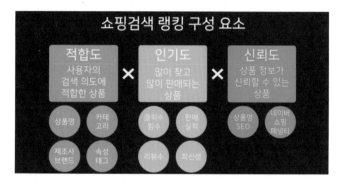

스마트스토어 쇼핑 검색 알고리즘

위 이미지는 네이버에서 제시하는 쇼핑 검색 랭킹 구성 요소다. 어떻게 제품명을 세팅해야 할지 알 수 있다. 이렇게 각 쇼핑몰마다 판매자를 위해 매뉴얼을 제공한다. 매뉴얼대로 진행하면 된다. 적어도 쿠팡과 스마트스토어의 가이드는 읽어봐야 한다. 공통적인 부분도 있고 마켓별로 다른 부분이 있기 때문에 신경 써서 등록하면 상품 노출에 유리하다.

스마트스토어 판매가·재고수량 등록 화면

3> 판매가 · 재고수량 옵션 – 여기선 판매가 이외엔 크게 신경 쓰지 않아도 된다. 판매가는 마진을 포함해 계산된 마켓별 판매가를 넣어준다. 스마트스토어는 타 마켓 대비 수수료가 저렴한 편이다. 쇼핑할 때를 생각해 보면 할인이 적용된 제품에 손이 간다. 이런 걸 고려해서 할인 금액을 설정해 놓을 수도 있다. 판매가는 기존 계산된 부분에서 할인액을 더해도 괜찮다. 판매 기간은 별도로 설정하지 않는다. 기본적으로 부가세는 과세 상품으로 진행한다.

구매대행의 경우 재고를 갖고 있는 게 아니기 때문에 실시간 재고를 파악할 수 없다. 그래서 재고 수량을 99~999개 정도로 세팅해 두고 판매한다. 제품이 떨어지면 품절 처리를 하면 된다.

옵션은 해당 제품에서 여러 품목을 고를 수 있거나, 사이즈나 색상이 다양할 경우 설정할 수 있다. 기본적으로 한 상품에 한 가지 옵션을 등록한다. 가격이 동일하고 색상만 다양한 정도라면 옵션을 생성해 충분히 주문을 받을 수 있다. 이에 따라 품절 관리 및 이미지 정리를 별도로 해야 하는 추가 업무가 생긴다.

스마트스토어 상품 이미지 등록 화면

4> 이미지 등록 - 이제는 이미지 등록이다. 최대한 깔끔한 이미지를 등록해야 한다. 대부분의 쇼핑몰은 흰색 배경에 제품 사진만 있는 깔끔한 이미지를 원한다. 문자가 들어가 있는 이미지는 등록해도 노출이 안되는 경우가 있다. 이미지 권장 사이즈는 1000 x 1000이며 jpg, gif, png, bmp 형식 이미지만 등록이 가능하다. 동영상이나 gif 제작이 가능할 경우 등록하면 고객이 상품을 더욱 쉽게 이해할 수 있다.

스마트스토어 상세 설명 설정 화면

5> 상세 설명 - 상세 설명은 상세 페이지가 들어가는 곳이다. 상세 페이지엔 배송 안내 이미지와 상품에 대한 설명과 이미지가 들어간다. 상세 페이지는 구매 전환율에 큰 영향을 미친다. 고객이 유입돼도 상세 페이지에서 설득을 해야 구매

로 전환된다.

브랜드 제품은 상세 페이지 중요도가 덜하지만 기능이 많은 제품은 고객이 잘 이해할 수 있도록 사진 이미지나 설명이 들어가 있으면 유리하다. 기본 이미지만 올려도 브랜드 제품은 판매가 된다. 실제로 나도 그렇게 판매하고 있다. 모든 제품의 상세 페이지를 만들면 좋지만 하나씩 모두 세팅할 수 없기 때문에 판매가 일어난 제품이나 반품이 들어와서 사진을 직접 찍을 수 있는 제품에 한해서만 만드는 걸 추천한다. 처음엔 일단 상품을 많이 올려 전체적인 구색을 맞추는 게 중요하다.

스마트스토어 상품 주요 정보 등록 화면

6> 상품 주요 정보 등록 - 스마트스토어에서 상품명, 태그 다음으로 중요한 게 상품 주요 정보다. 주요 정보에서 선택한 특성들이 검색할 때 키워드로 반영된다. 세부 내용이 궁금한 사람은 상품 주요 정보 메뉴 위에 있는 '쇼핑에 검색 노출이 잘 되려면?'을 클릭해서 읽기 바란다. 브랜드명 기재, 모델명 기재, 올바른 상품 속성을 입력하면 고객이 검색할 때 보다 수월하게 찾을 수 있고, 노출도 잘 된다는 내용이 주를 이룬다. 네이버 쇼핑 탐색 도구도 이런 속성을 기반으로 고객에게 검색 결과를 노출해 주기 때문에 주요 정보를 등록하는 것이 더 많은 고객을 확보하는 길이다.

이렇게 마켓에서 제시하는 기준대로 제품을 정성스럽게 올리면 노출이 일어날 수밖에 없다. 상품 정보는 쿠팡의 '검색 필터'와 동일하다. 네이버와 쿠팡에서 상품 주요 정보와 검색 필터를 잘 넣어주면 넣지 않은 상품에 비해서 노출이 훨씬 잘 되는 걸 알 수 있다. 쿠팡 판매자 사이트 '쿠팡 윙(Wing)'에서 등록 버튼을 누르고 카테고리를 입력하면 해당 카테고리에 맞는 검색 필터를 하나씩 보여준다. 여기서 등록하는 상품에 맞는 속성을 하나씩 선택해 주면 고객이 필터를 선택할 때 내 상품이 포함될 수 있다. 이는 노출 기회를 높이는 방법이다.

자신이 확인할 수 있는 정보는 다 넣어주는 게 좋다. 이런 작업도 처음에 하기 버거우면 판매가 된 제품을 골라 선별적으로 해주면 된다. 처음부터 힘을 너무 빼면 지속할 힘이 없다. 모든 것에 최대의 에너지를 기울이면 다음 상품 등록에 쏟을 힘이 없다. 적당한 선을 유지하면서 상품 등록을 꾸준히 해야 한다. 구매대행은 좋은 상품을 꾸준히 등록하는 것 외엔 답이 없다. 상품을 조금만 올리고 그 상품들만 관리하겠다고 하는 것은 현상 유지만 하겠다는 의미다.

스마트스토어 상품 정보 제공 고시 등 등록 화면

7> 상품 정보 제공 고시 등 - 나머지 항목은 크게 중요하지 않다. 핵심적인 부분만 설명하고 넘어가겠다. 아이템군마다 고시해야 할 상품 정보가 다르다. 가공식품, 화장품, 전자기기, 기타 재화 등 등록하는 제품의 분류에 맞는 걸 선택한다. 대부분 '상품 상세 참조'를 선택하면 된다.

배송 부분은 기본적으로 놔두면 되고, 출고지는 배대지 주소를 넣으면 된다. 배대지가 세팅되지 않은 사람은 아무 배대지 사이트의 미국 주소를 넣으면 된다. 아이포터 같은 배송대행 사이트에 나와 있는 주소를 입력해도 무방하다. 나중에 배대지가 세팅되고 나면 해당 주소로 수정하면 된다.

반품, 교환 시 배송비를 설정한다. 기본적으로 무료 배송이기 때문에 반품비는 3만 원, 교환비는 6만 원을 세팅한다. 세팅할 수 있는 최대로 설정해야 나중에 혹시 반품이 발생했을 때 이 금액을 제하고 고객에게 환불해 줄 수 있다.

A/S, 특이사항 부분은 구매대행이라 AS가 불가하다는 내용을 공지하면 된다. 구매대행은 해외 제품 구매를 대행해 주는 것이지 제품에 대한 수리를 책임지지는 않는다. 이 부분을 잘 이해하고 넘어갈 필요가 있다.

구매·혜택 조건은 리뷰를 얻기 위해서 포인트 설정하는 항목이다. 제품 2개 이상 구매 시 혜택을 주고자 한다면 할인율, 할인 금액을 설정해 고객이 상품을 사는데 보다 매력적으로 보이게 할 수 있다.

태그 ⑦

요즘 뜨는 HOT 태그	감성태그	이벤트형 태그	타겟형 태그
	헐씨	봄	커플
	맛난	여름	60대이상
	홍캉스	간절기	30대
	먹기편한	가을	20대

☑ 태그 직접 입력(선택포함 최대 10개)

태그를 입력해주세요

남자엽산 ×　　# 엽산보충제 (179210) ×　　# 임신준비 (127938) ×　　# 임신선물 (77687) ×
임신준비엽산 (90902) ×　　# 선물으로좋은 (76219) ×　　# 커플 (649) ×　　# 30대 (76636) ×
20대 (613) ×

입력하신 태그 중 일부는 내부 기준에 의해검색에 노출되지 않을 수 있습니다.
카테고리/ 브랜드/ 판매저명이 포함된 태그의 경우는 등록되지 않습니다.
판매상품과 직접 관련 없는 태그를 입력 시 판매금지될 수 있습니다.
입력한 태그가 검색에 활용되는 지 궁금하다면? 검색에 적용되는 태그 확인

스마트스토어 검색 설정 화면

　　8> 태그 설정 – 이제 태그 설정 부분이다. 찾은 키워드는
'태그 직접 입력'을 클릭해 넣을 수 있다. 이후 '검색에 적용되
는 태그 확인'을 누르면 실제로 스마트스토어 태그 사전에 있
는지 확인할 수 있다. 네이버는 자체 태그 사전을 갖고 있어
포함되는 단어만 키워드로 사용할 수 있다. 그래서 뽑아 놓은
키워드를 못 쓸 때도 있다. 이때는 다른 키워드로 변경해 줘
야 한다. 네이버가 추천하는 태그 리스트에 있는 태그를 쓰거
나 하단 검색해서 나오는 연관 태그를 넣을 수 있다. 상품명

에 키워드가 포함돼 있다면 태그로 의미가 없으니 겹치지 않도록 설정해서 태그를 뽑으면 된다.

9> 판매자 관리 코드 - 이렇게 필요한 정보를 모두 넣고 나면 남은 건 판매자 관리 코드다. 이건 내 상품의 고유 코드라고 할 수 있다. 나는 MD00001, MD00002 이런 식으로 고유 코드를 상품에 부여하고 있다. 이 코드로 이미지 폴더를 생성하고, 마켓에 등록할 때 상품 관리자 코드로 넣어준다. 이렇게 하면 하나의 관리 코드로 여러 마켓에서 검색할 수 있다. 어떤 식으로든 세팅해서 사용하는 걸 추천한다. 아마존 제품만 업로드하는 경우 ASIN 코드로 하거나, 중국 구매대행의 경우 타오바오, 알리 익스프레스의 상품 ID로 세팅해서 중복 확인을 할 수도 있다.

이렇게 순서대로 입력하면 상품 등록을 완료할 수 있다. 상품 등록을 끝내면 상품 번호가 나온다. 이 번호는 스마트스토어에 있는 제품에 부여되는 고유 번호다. 엑셀에 기록해 둬야 나중에 검색하거나 수정할 일이 있을 때 편하게 사용할 수 있다.

같은 카테고리 제품을 연속으로 리스팅한 경우엔 등록한 상품을 선택하고 복사 등록을 클릭하면 이전 상품의 정보를 그대로 끌어온다. 상품명, 가격, 이미지, 상품 속성, 판매자 코드만 수정해서 등록하면 등록 속도를 끌어올릴 수 있다.

상품목록 (총 1개)

선택삭제	판매변경 ▼	전시변경 ▼		즉시할인 설정	판매가 변경	판매기간 변경		배송변경 ▼

관리자 검수가 필요한 채널 '쇼핑윈도'의 경우에는 전시상태를 직접 변경하실 수 없습니다.

	수정	복사	상품번호(스마트스토어)	판매자상품코드	결제여부	상품명
✓	수정	복사	6	MC	Y	

상품등록 후 조회 화면. 등록한 상품의 상품번호를 확인할 수 있다.

스마트스토어를 기준으로 설명했는데 나머지 마켓도 동일한 흐름으로 진행된다. 중요한 것은 속도를 올리기 위해 같은 카테고리 제품을 연달아 리스팅하는 게 좋다는 것이다. 그렇다고 수백, 수천 개를 연달아 리스팅하는 건 추천하지 않는다.

이제 상품 등록 과정까지 설명했다. 다음에선 상품 등록 시 지켜야 할 주의사항에 대해 알아보자.

2) 상품 등록 사전 점검

스마트스토어 상품정보 검색품질 체크 화면

상품을 올릴 때 카테고리는 미리 정해져 있어야 한다. 상품
리스팅 단계에서 확인돼야 하며, 카테고리에 맞는 상품명 및
태그 설정이 이뤄져야 한다. 태그는 상품명 외에 나의 상품을
검색할 수 있도록 세팅하는 과정이다. 이런 키워드도 카테고
리에 맞는 것이 있고 아닌 것이 있다.

카테고리는 판다랭크에서 키워드를 검색하면 카테고리에
등록된 상품의 비율을 알 수 있다. 내가 올리려는 제품의 목

적과 같은 카테고리에 상품을 등록하면 된다. 키워드를 잡아서 상품명 및 태그를 설정해도 카테고리를 잘못 넣으면 엉뚱한 문을 두드리는 것이니 조심해서 진행하자.

전체적인 상품 등록 입력 사항이 제대로 들어갔는지 확인하려면 '쇼핑 상품정보 검색품질 체크'를 클릭한다. 모두 초록색 동그라미가 보이면 네이버에서 제시한 쇼핑 정보 기준에 맞게 상품 정보가 입력되었다는 뜻이다. 점검 필요가 뜬다면 하나씩 확인해서 수정해야 된다.

스마트스토어는 네이버 검색 기준을 따른다. 각각의 스토어에서 제시하는 대로 등록하는 게 최선의 방법이다. 적어도 고객 수가 많은 쿠팡, 스마트스토어는 매뉴얼대로 등록하자. 매뉴얼대로 등록하면 유입이 늘어나고 매출이 생긴다.

3) 매크로로 반복 작업 격파하기 - 근골격계 질환 예방하기

등록을 계속해서 하다보면 반복작업이라는 걸 실감하게 된다. 문득 이런 의문에 휩싸인다. 복사 등록해서 진행하면 속도가 빠르지만 몰입해서 몇 시간 동안 상품을 등록하고 나면 어깨와 손목에 무리가 오는 게 느껴진다. 같은 동작을 반복한다면 이것들을 컴퓨터가 알아서 등록하게 하는 게 가능할까?

이 아이디어는 대학생 때 수강 신청을 컴퓨터 매크로로 했던 데서 떠올랐다. 그래서 수강신청 매크로라는 이름으로 검색해봤다. 그러니 예전에 썼던 프로그램이 나왔다.

매크로 프로그램으로 내가 실제로 누르는 좌표와 버튼을 정리했다. 버튼을 누른 후 화면 전환이나, 페이지를 다운할 때의 딜레이도 계산해서 매크로에 구현했다. 우선 엑셀에 모든 자료를 정리해놓았다. 엑셀과 스마트스토어 등록 화면을 오가면서 엑셀 정보를 복사해서 스마트스토어 상품등록 화면에 넣는 것이었다. 좌표 하나, 버튼 하나씩 동작을 짜가면서 테스트했다. 주말 하루를 온전히 바치면서 동작을 짜나갔다. 이렇게 상품 등록을 매크로로 돌려봤다. 등록이 됐다. 각마켓별로 매크로를 하나씩 다 짰다. 시간이 꽤 걸렸다. 당시엔 약속을 잡지도 않고 집에서 피자 시켜 먹으면서 식사하는 시간도 아끼며 매크로를 짰던 걸로 기억한다.

프로그램을 하나씩 바꿔가면서 매크로를 짰고, 딜레이가 일정하지 않은 부분까지 이미지 인식으로 커버할 수 있는 매크로 프로그램을 찾았다. 해외 프로그램이라서 유튜브 튜토리얼을 보면서 하나씩 익혀 나갔다. 그렇게 매크로 프로그램을 짜고 그걸 동생에게 가르쳐주면서 등록에 활용하게 했다. 그렇게 하니 하루에 수백개 상품을 등록할 수 있었다.

매크로 하나를 돌리는 데 컴퓨터 한 대가 필요했다. 등록을 위해 컴퓨터 3대를 원룸에 세팅하고 썼다. 3개의 매크로에서 등록이 돌아가는 광경을 보면서 마치 IT 기업에서 일하는 느낌이 들었다. 이전부터 욕심이 나던 프로그래밍에 한 걸음 다가간 것 같아 기분이 좋았다. 그렇게 상품 수가 수만 개에 도달했고, 매출이 늘어나기 시작했다.

사용한 매크로 프로그램의 이름은 'MACRO CREATOR'이다. 구글에서 검색하면 사이트가 뜨고 설명과 튜토리얼이 나와 있다. AUTOHOTKEY 프로그램 기반인데 프로그래밍보다 쉽게 짤 수 있게 인터페이스를 제공해 준다. 이미지 인식이 핵심 기능이며, 이미지가 나오면 다른 동작을 하게 할 수도 있고, 이미지가 나올 때까지 기다리다가 클릭할 수도 있다.

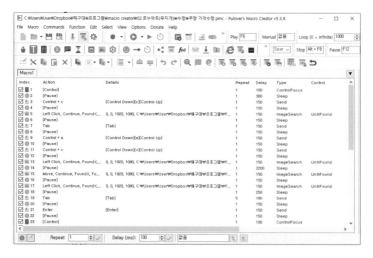

MACRO CREATOR를 이용한 쿠팡 가격 수정 매크로 화면

매크로 프로그램 이외에도 파이썬의 셀레니움을 활용해서
자동화할 수 있고, 최근 기업용 프로그램이 많이 나오는 UI
PATH를 활용할 수도 있다. 나는 MACRO CREATOR를 쓰면
서 더 이상 다른 프로그램을 사용하고 있지는 않다. 스토어마
다 수동 등록에 대한 가점이 있는 것으로 판단되는 상황에서
매크로 활용은 큰 의미를 지닌다. 단점도 있다. 세부적인 상
품 정보를 입력하지 못한다는 것과, 카테고리가 바뀔 때는 상
품 하나는 수기로 등록해 줘야 한다는 것 정도다.

기본적인 콘셉트는 엑셀로 모든 데이터를 정리하고 동시에
상품 등록 화면을 띄워서 왔다 갔다 하면서 정보를 입력하며
상품 등록을 자동화하는 것이다. 스토어 업무 만이 아니라 회

사에서 반복되는 업무도 충분히 처리 가능하다. ERP 프로그램도 엑셀 정리 후 자동화시켜서 사용하고 있다. 나의 근골격계 질환을 예방해 주고 보다 전략적인 사고에 집중할 수 있게 해주는 매크로 프로그램에 무한 감사를 보낸다.

판매 이후에
다가오는 업무들

판매와 관세
처리 절차

1) 일반 통관과 목록 통관

구매대행은 해외 제품을 국내로 가져오는 사업이다. 외국 제품을 내국품으로 전환하기 위해서 필요한 절차가 통관이다. 통관에는 일반 통관, 목록 통관 2가지가 있다. 구매대행에서 이 두 가지를 어떻게 대하고 관리해야 하는지에 대해서 다뤄보자.

구매대행은 대부분이 목록 통관이다. 하지만 건강식품, 식품, 기능성 화장품, 의약품, 의료기기, 주류, 담배류의 경우엔 목록 통관에서 제외돼 일반 통관으로 진행된다. 구매대행을 할 때 일반 통관으로 진행되면 수수료가 발생한다. 일반 통관은 대부분 배송대행지와 연계된 관세 사무소에서 진행되며, 배대지 이용금액에 포함돼 정산되는 경우가 많다.

관세 사무소는 거의 **100%**의 확률로 배송대행지와 연계돼 있다. 그래서 거래를 트기 위해 관세 사무소를 직접 찾아볼 일은 없다. 다만 통관에 문제가 생기거나, 관부가세가 발생했을 경우엔 연락해서 관부가세 대납 같은 일을 처리해야 한다. 평소엔 연락할 일이 없는 곳이지만 담당자와 연락처 정도는 알아둬야 문제가 생겼을 때 빠르게 처리할 수 있다.

목록 통관이란 송수하인 성명, 전화번호, 주소, 물품명, 가격, 중량이 기재된 송장만으로 통관이 가능한 제도다. 개인 특송 물품의 경우 타인 명의도용 방지를 위해 수하인의 개인 통관고유부호나 생년월일이 필요하다. 개인이 사용할 물품 또는 기업에서 사용할 샘플 중 150달러 이하(미국은 200달러)의 물품 중 다음 표에 포함된 배제 대상 물품이 아닌 경우에는 목록 통관이 가능하다.

목록통관 배제대상물품

1 의약품

2 한약재

3 야생동물 관련 제품

4 농림축수산물 등 검역대상물품

5 건강기능식

6 지식재산권 위반 의심물품

7 식품류·주류·담배류

8 화장품 (기능성화장품, 태반함유화장품, 스테로이드제 함유화장품 및 성분미상 등 유해화장품에 한함)

9 적하목록 정정에 따라 선하증권 또는 항공화물운송장 내용이 추가로 제출된 물품

10 통관목록 중 품명·규격·수량·가격 등이 부정확하게 기재된 물품

11 기타 관세법 제226조에 따라 세관장확인이 필요한 물품 (총포, 도검, 화약류, 마약류 등)

목록 통관 배제 대상 물품(출처 : 관세청)

목록, 일반 통관 모두 수입 신고가 완료(수리)되면 국내 택배사에 인계돼 고객에게 배송된다. 처음 리스팅할 때 제품군별로 구분해서 일반 통관 상품의 경우 통관 수수료를 포함해 마진을 계산할 수 있다.

2) 면세 한도 확인해서 합산 과세 예방하기

통관할 땐 개인 면세 한도가 있다. 150달러 이하(미국은 200달러 이하)면 관세 없이 통관이 가능하다. 입항 기준으로 고객이 주문한 제품의 상품 가격 합계가 150달러(미국 200달러)를 초과하면 관세가 발생한다. 이를 합산 과세라고 한다. 구매대행을 많이 하는 고객에게 흔히 일어날 수 있는 일이다.

그래서 최대한 면세 한도 안에서 제품을 파는 게 좋고, 관세가 발생하면 미리 고객에게 안내해야 한다. 관세를 대납할 수도 있는데 마진에 여유가 있다면 가능하나, 고객 과실로 인해서 발생한 관부가세는 고객이 부담하는 걸 원칙으로 해야 한다. 대부분 고객이 몰랐다고 하는 경우가 많다. 이런 이유로 반품이 들어오면 오히려 판매자가 손해이기 때문에 부담액을 조정해 납부하고 주문을 이행하는 방안도 고려해 볼 수 있다.

부담액을 조정하는 방법은 고객에게 일부 금액을 돌려주는 방법이 있다. 판매자는 어떻게든 제품을 반품 받지 않고 고객에게 넘기는 게 가장 중요한 스킬이다. 반품되면 어디든 쓸 수 있겠지라고 생각할 수도 있지만 그렇지 않은 경우가 많다. 해외로 다시 보내기도 만만치 않으니 되도록이면 고객이 받아서 쓰게 하는 게 판매자 입장에선 좋다.

합산 과세는 구매대행 사업을 하다 보면 일어날 수밖에 없다. 가격이 비싼 제품은 리스팅할 때 관세를 확인해서 제품 가격에 포함해야 한다. 관세 사무소에서 연락이 오면 고객 대신에 납부해서 고객이 불필요한 불편을 겪지 않고 상품을 받아볼 수 있게 하는 것이 베스트다.

3) 고가 제품 관부가세 확인하기

구매대행을 할 때 꼭 면세 한도 내의 제품만 팔아야 하는 것은 아니다. 오히려 사업이나 병행수입에서 금액이 커서 건드릴 수 없는 제품을 판매하는 것도 하나의 전략이다. 그만큼 반품에 대한 리스크도 있지만, 하이 리스크 하이 리턴이다. 한 번은 100만 원이 넘는 제품을 팔았던 적이 있다. 이 제품은 고객에게 미리 안내 문자와 배송 상황을 확인해 주면서 진행했다. 배대지에도 정밀 검수를 요청해서 제품에 문제가 있다면 한국으로 들어오기 전에 잡아내도록 진행했다. 무사히 고객이 제품을 받았고 만족했다는 리뷰를 남겼다.

<관부가세 포함 예시>

화장품 판매 가격=(달러 가격+미국 세금) x 환율 + 배송비 / (100% - 국내 마켓 수수료 - 마진)

상품 가격 $300, 미국 세금 0%, 배송비 20,000원, 환율 1,180원, 국내 마켓 수수료 15%, 마진 30%

예시 : 680,000원 = {($300 + 0%) x 1180 + 20,000} / (100%-15%-30%)

*관부가세 추가 시
680,000(판매금액) + 24,586(관세) + 40,283(부가세) = 744,869원 (최종 금액)

관부가세 계산기

물품선택	화장품/미용 ▼	메이크업용 제품류 ▼
구입국가	미국 USD ▼	

| 물품가격 | 300 USD | 물품무게 | 1 kg ▼ |

물품가격은 외국내 배송료, 세금을 포함한 가격입니다.

계산하기

일반통관 물품입니다

과세가격	**378,240** 원
관세(6.5%) ①	**24,586** 원
부가세(10%) ②	**40,283** 원
총 예상 납부액(①+②)	**64,869** 원

⚠ 일반적인 해외 직접구매 시 활용 가능한 계산기로, 계산된 과세가격(물품가격+국제운임) 및 관부가세는 참고용입니다. 각 분류별 대표 물품에 대한 관세와 부가세 정보를 제공하며 세부적인 물품에 따라 결과는 각각 다를 수 있습니다. 실제로 부과되는 세금은 통관 시점의 환율, 세율 및 기타 사항에 따라 차이가 있을 수 있으므로 자세한 사항은 **관세청**을 통해 확인하시기 바랍니다.

네이버 관부가세 계산기 화면

　고가 제품 판매는 살 떨리지만 그만큼 큰 마진을 안겨준다. 고가 제품은 미리 관부가세를 상품 가격에 포함시켜야 한다. 네이버에서 '관부가세 계산기'를 검색해서 내가 파는 제품군과 물품 가액 및 중량을 입력하면 관세, 부가세를 따로 계산해 준다. 이렇게 계산한 금액을 원가에 포함하면 나중에 판매가 일어났을 때 관부가세가 발생할지 몰라 노심초사하지 않아도 되고 고객과 관부가세로 실랑이할 일도 없다.

　우리는 전략적으로 구매대행만이 할 수 있는 제품을 올려서 판매할 필요가 있다. 이렇게 생각해 보면 다른 사입업자가 팔 수 없는 상품은 부피가 큰 상품이다. 대량으로 들여와 보관할 장소가 필요한데 부피가 큰 제품은 보관료가 많이 들고, 장소도 구하기 힘들기 때문이다. 구매대행은 사입에서 하기 힘든 제품을 파고 들어서 하나씩 등록하고 유연하게 판매할 수 있다.

마진율 쉽게
계산하는 법

1) 마진이란 무엇인가?

리스팅 부분에서 설명했지만 마진에 대해서 조금 더 자세하게 살펴보자. 마진은 판매액에서 비용을 제하고 나서 남는 이익을 말한다. 애플 CEO인 팀 쿡의 별명이 '마진 쿡'이라고 한다. 같은 제품을 갖고 마진율을 높이는 건 모든 기업의 목표이다. 구매대행에서 마진은 제품 매입가를 낮추거나 운송이나 회사 운영에 들어가는 비용을 절감하는 것이다.

제품을 팔 때 마진이 얼마인지 모르고 판다는 건 있을 수 없는 일이다. 구매대행에서 잘 살펴봐야 할 부분은 제품의 원가와 배송비, 환율 정도다. 가장 중요한 제품 원가는 일정 상품 수에 도달하고 나면 주기적으로 수정해 줘야 한다. 상품의 컨디션을 최신 상태로 유지해 줘야 적정 마진을 확보할 수 있다.

　주문이 들어와서 확인해 보니 제품 가격이 초반 리스팅할 때보다 내려갔다면 마진이 늘어나서 다행이지만, 반대로 제품 가격이 상승했다면 마진이 줄어든다. 그래도 마진이 남으면 배송을 하겠지만 마이너스 마진으로 가는 경우도 많다. 초반엔 챙길 수 없지만 어느 시점이 지나가면 매월 상품 가격을 업데이트해주는 게 좋다. 이렇게 하면 설정한 마진을 지킬 수 있고 품절로 인해서 생기는 마켓 점수 하락도 예방할 수 있다.

　상품별 마진에 포함되지 않는 인건비나 사무실 이용료, 각종 경비도 있다. 이런 것들은 주문별로 확인하지는 않더라도 월별로라도 확인해야 한다. 대충 얼마 남을 거라는 생각을 갖고 장사를 하면 절대 안된다. 전체 매출과 영업이익, 순이익에서 내가 설정한 마진대로 남고 있는지 실시간으로 점검해야 한다.

　구매대행은 환율 리스크에서 자유롭지 못하다. 달러 환율이 상승하면 마진이 줄어들 수밖에 없다. 때문에 환율 정보도 업데이트가 필요하다. 이건 상품 가격 업데이트를 진행할 때 같이 적용해 주면 된다. 보통 5% 정도의 여유를 주고 환율을 설정해 준다. 너무 많이 설정하면 고객이 비싸서 제품을 안 살 수 있으니 적절하게 적용해 준다. 마진은 다음과 같이 구할 수 있다.

> 판매 가격 - 제품 원가 - 미국 내 세금 - 배송비(배대지 발생 비용) - 통관 수수료 - 관부가세 = 마진

마진 구하기 계산식

이렇게 계산하면 물건 하나를 팔았을 때 얼마가 남는지 알 수 있다. 기본적인 콘셉트는 판매가에서 모든 비용을 빼는 것이다. 미국에서 달러로 발생한 금액에 대해선 환율을 곱해줘야 한다. 실제 판매된 제품의 마진 및 마진율을 살펴보면 다음과 같다.

구분	금액(원)	비고
판매가	150,000	마켓 판매가
달러가격	60	환율 : ₩1,180/$
미국 내 세금	-	0%
배송비	10,000	
통관 비용	2,000	관세사 수수료
마켓 수수료	22,500	15%
마진(마진율)	**44,700**	**30%**

실제 판매된 제품의 마진 및 마진율 예시

2) 마진율 설정하기

마진율 설정은 개인이 임의로 하는 것이다. 많이 팔겠다고 너무 낮은 마진을 설정하면 주문은 많아지지만 남는 돈이 별로 없을 수 있다. 그렇다고 하나 팔아도 많이 남기겠다는 마음으로 너무 높게 설정하면 제품 자체가 매력적이지 않은 한 팔리지 않는다.

구매대행은 다른 사람도 내가 파는 제품을 팔 수 있다고 생각해야 한다. 이런 상황에 차별화할 수 있는 건 가격, 리뷰, 검색 최적화 정도다. 나는 처음부터 30% 마진을 설정했다. 경쟁이 치열해지면 20% 정도로 내려서 진행할 때도 있다. 기본 마진은 30%로 설정해서 판매하고, 30% 마진을 지키려고 노력하고 있다.

마진을 30%로 설정한 이유는 전업이 아니고 부업이라 주문 처리에 많은 시간을 쏟을 여유가 없기 때문이다. 아무리 마진이 적어도 한 건의 주문을 처리할 때 마진이 만 원 이상은 되도록 설정했다. 전업의 경우엔 15~20% 정도가 적당하지 않을까 생각한다. 어떤 구매대행 판매자들은 40% 이상의 마진을 유지하기도 한다. 판매하는 제품군에 따라, 제품 차별화에 따라 마진은 천차만별이다.

마진을 지키려는 노력은 상품 가격을 계속해서 모니터링하고, 주문이 들어왔을 때 마진이 이상하면 바로 점검해서 수정하는 것이다. 이렇게 매달 진행하는 가격 수정을 통해서 마진을 지킬 수 있다. 마진이 다소 높아도 판매가 될 수 있도록 판매된 건에 대해선 리뷰를 받고, 검색 최적화를 통해서 내 제품이 다른 검색어로도 노출될 수 있도록 세팅해야 한다.

3) 판매 가격 계산해 보기

원가 계산은 엑셀로 한 번만 세팅하면 마진율만 조절해 판매가를 얻을 수 있다. 지속적으로 사용 중인 판매 가격 계산식을 공개한다. 이렇게 계산하면 다시 역산해 봐도 오차 범위 내로 판매 가격이 정확하다. 1~2% 정도의 차이는 있을 수 있다.

'1(제품 원가, 100%)+구매 수수료'에서 구매 수수료가 7%이면 0.07로 넣으면 된다. 판매 수수료는 마켓별로 설정한다. 마켓별, 카테고리별로 판매 수수료 다르다. 카테고리가 정해져 있다면 해당 카테고리에 맞는 판매 수수료를 세팅해 주면 된다. 하나하나 바꾸는 게 어렵다면 마켓별 최고 판매 수수료율을 적용하면 된다.

판매 가격 = ((환율*원가*(100%+구매 수수료))+해외 배송비)/
(1-판매 수수료-마진율)

제품 판매 가격 계산식

달러 가격	배송비(원)	마켓 수수료	마진	판매가(원)
$10	10,000	6%	30%	29,900
$10	10,000	15%	30%	31,900
$20	10,000	6%	30%	46,200
$20	10,000	15%	30%	49,300
$30	10,000	6%	30%	62,600
$30	10,000	15%	30%	66,700

판매 가격 계산 공식과 실제 판매 가격 계산 예시. 환율은 고정.

스마트스토어, 쿠팡, 기타 마켓으로 설정하고 판매 수수료
를 다르게 적용했다. 스마트스토어는 최고 6%, 쿠팡은 15%,
기타 마켓은 20% 정도로 설정하고 각각의 판매 가격을 다르
게 했다. 기타 마켓에 포함되는 ESM, 11번가 같은 경우는 사
이트에서 자체 할인을 많이 제공하기 때문에 할인율이 커지
는 경향이 있다. 판매 수수료를 기본적으로 높게 설정해 마진
을 지킬 수 있도록 해야 한다.

하나의 판매 가격만 있다면 마켓별로 판매가를 따로 계산
해서 적용해야 한다. 처음 한 번만 엑셀로 세팅하면 원가와

마진만 넣으면 자동으로 판매 가격이 산정돼 매우 편하다. 한
번만 이해하고 식을 짜두면 구매대행 사업하는 동안은 편안
하게 사용할 수 있다.

3

판매 내역 데이터 분석하기
- 판매 내역과 친해지기

1) 어떤 브랜드가 팔렸나?

상품 수가 늘어나면 주문이 하나씩 들어온다. 처음엔 주문이 들어오는 게 특이한 일이었다가 나중엔 매일 들어오는 게 당연하게 된다. 이전에 가능하지 않았던 일이 당연하게 되는 것을 성장이라고 한다. 성장했다면 이전에 하던 일 그대로 진행할 수 없다. 뭔가 다른 일을 해야 매출이 늘어난다. 주문이 늘어나기 시작하면 뭘 해야 할까? 구매대행은 상품 수를 계속 늘려야 매출이 상승한다. 계속해서 상품을 소싱해서 올려야 하는데 하다 보면 소싱할 상품이 마땅히 떠오르지 않는다.

아마존 브랜드 스토어 화면

　그렇다면 구매대행에서 할 수 있는 상품 소싱법에 대해 다룰 차례다. 판매 내역을 보면 어떤 상품을 올릴지 판단할 수 있다. 브랜드 제품의 경우 같은 브랜드의 다른 제품이 어떤 게 있는지 살펴볼 수 있다. 이렇게 제품 구성을 확대해 나간다. 아마존에 있는 브랜드 스토어를 보면 다양한 제품을 확인할 수 있다.

　특정 브랜드가 팔리면 같은 브랜드 제품군을 보강해 라인업을 강화한다. 이런 식으로 해당 브랜드에 대한 판매 기회를 확대할 수 있다. 단점으로는 복사 등록할 때 같은 카테고리 제품이 아니라 일이 늘어난다는 것이다.

2)어떤 카테고리가 잘 나가는가?

Sponsored ⓘ
Nutricost Folic Acid (Vitamin B9) 1000 mcg, 240 Capsules
240 Count (Pack of 1)
★★★★☆ - 8,083
$12.95 ($0.05/Count) $14.95
$12.30 with Subscribe & Save discount
✓prime FREE Delivery Mon, Oct 25

Sponsored ⓘ
EZ Melts Folate as L-5-Methylfolate, 1,667 mcg DFE, Sublingual Vitamins, Vegan, Zero Sugar, Natural Orange Flavor, 60 Fast Dissolve Tablets
60 Count (Pack of 1)
★★★★☆ - 573
$19.99 ($0.33/Count)
$18.99 with Subscribe & Save discount
✓prime FREE Delivery Mon, Oct 25

Sponsored ⓘ
GNC Folic Acid 400 mcg (100 Tablets)
100 Count (Pack of 1)
★★★★☆ - 508
$4.99 ($0.05/Count)
♥ Climate Pledge Friendly
See 1 certification ∨

Sponsored ⓘ
Vitamatic Folic Acid 1000 mcg (1 mg) - 240 Vegetarian Tablets - 1667 mcg DFE - Vitamin B9
240 Count (Pack of 1)
★★★★☆ - 85
$9.99 ($0.04/Count)
$8.99 with Subscribe & Save discount
Save 25% on 5 select item(s)
✓prime FREE Delivery Mon, Oct 25
♥ Climate Pledge Friendly
See 1 certification ∨

Nature Made Folic Acid 400 mcg

Nature's Bounty Folic Acid Supplement, Supports

Nutricost Folic Acid (Vitamin B9) 1000 mcg, 240 Capsules

Nature's Bounty Folic Acid 1 mg 150 Tablets (Packaging May

아마존에서 '엽산' 검색 시 노출되는 제품 화면

특정 제품이 잘 팔린다면 같은 카테고리로 제품을 확대하는 전략이 있다. 만약 특정 브랜드의 '엽산' 제품을 팔았다면 다른 브랜드 엽산 제품을 찾아서 등록하는 것이다. 이 전략은 알려지지 않은 브랜드지만 좋은 제품을 찾을 가능성을 올려주는 소싱법이다.

이 소싱법은 국내에 알려지지 않은 제품을 먼저 선점할 수 있다는 장점도 있다. 실제로 나는 이 방식을 많이 활용하고 있다. 카테고리가 같아 복사 등록으로 빠르게 등록할 수 있고, 같은 키워드를 활용할 수 있어 생산성이 높다.

실제 이 방법으로 소싱을 진행하면 예상치 못한 브랜드를 발굴하고, 다시 해당 브랜드의 다른 제품으로 확장하는 방식으로 상품을 발굴할 수 있다. 어느 방식이든 확장이 필요하기에 소싱법은 다양하게 시도할 필요가 있다.

3) 상품 보강 및 수정 진행하기

상품 보강은 위에 나온 방식대로 진행하면 된다. 브랜드 혹은 카테고리 강화를 통해서 내가 갖고 있는 상품 브랜드, 상품군에 대한 개수를 늘려 나가면서 해당 카테고리에 대한 검색 엔진 점수를 높이는 방법이 있다. 내가 이 카테고리 상품을 잘 파는 판매자라는 걸 쇼핑 검색 엔진에게 인식시키는 방법이다.

다른 방식의 보강은 상품명, 태그를 수정하는 것이다. 아무래도 처음에 올릴 때는 상품명에 실수가 있을 수 있고, 태그도 이전과 현재의 유효한 태그가 다르다. 번역상의 오류를 잡아내는 과정도 필요하다.

처음에는 판매된 상품 기준으로 진행하다가, 나중엔 전체 상품으로 진행하면 된다. 이럴 경우엔 아르바이트를 써서 하는 게 좋다. 상품 수가 늘어나면 반복적인 작업은 대부분 아르바이트를 통해 하고, 사장님은 전략이나 마케팅에 대해 더 신경을 쓰는 게 좋다.

상품 수정을 하는 이유는 마켓은 최신화되는 상품이 있으면 그 상품과 카테고리에 대해 노출 점수를 부여하기 때문이다. 이 점수를 얻기 위해서 가격을 수정하고, 상품명과 태그를 수정하는 것이다. 이 방법은 공식적으로 확인된 것은 아니나, 진행해 보면 확실히 효과가 있다는 걸 알 수 있다. 상품명, 태그를 수정해 주고 기간이 조금 지나면 주문이 들어오는 경우가 생각보다 많았다.

전체 상품에 대해 수정을 진행하는 것만으로도 등록과 유사한 효과가 있다는 걸 구매대행 사업을 하면서 알 수 있었다. 블로그나 유튜브의 알고리즘과 유사하다는 느낌을 많이 받았다. 끊임없이 상품을 수정하면서 최신화하고 프레시한 상태를 유지해야 좋은 점수를 얻고 더 많은 상품 노출 기회를 얻을 수 있다.

4

주문이 들어왔을 때
A to Z

1) 수집 프로그램으로 주문 확인하기

주문 수집 프로그램 '샵마인' 서비스 화면

기본적으로 다양한 마켓에 물건을 올리면 여러 사이트의
주문을 일일이 확인하기 어렵다. 그러면 어떻게 해야 할까?

우리에겐 주문 수집 프로그램이 있다. 여러 사이트 계정 정보를 등록하면 실시간으로 주문 및 배송 정보를 읽어와 하나의 창에 띄워준다. 주문 수집 프로그램은 주문 확인, 배송 처리, 배송 상황 및 주문별 메모 관리 등이 가능하다.

대표적인 주문 수집 프로그램으로 샵마인, 셀로 등이 있다. 샵마인은 필요한 정보만 커스터마이징해서 노출되게 할 수 있다. 마켓명, 주문 일자, 주문 번호, 상품 번호, 상품명, 판매 가격, 수수료, 수령자 정보 등 이렇게 자신의 엑셀 파일 양식 정보에 맞게 설정하면 별도 관리하는 엑셀 파일에 정리할 때 모든 마켓 정보를 동일한 형태로 붙여 넣을 수 있다. 월 이용료는 2~3만 원으로 주문 확인 및 처리 속도를 비약적으로 상승시킬 수 있다.

2) 주문이 들어왔을 때 해야 할 일

열심히 상품을 등록하면 주문이 들어온다. 기쁜 순간이 아닐 수 없다. 보통 100~200개 정도의 상품을 등록했을 때 첫 주문이 들어온다. 처음엔 주문이 없는 게 당연하니 주문이 없다고 상심하지 말자. 등록을 꾸준히 하는 자에게 주문이 있다. 누군가는 조금 빠르고, 누군가는 조금 느릴 뿐이다. 이런저런 방법을 알아볼 시간에 상품 등록을 하는 게 미래의 나에게 도움이 되는 일이다.

주문이 들어오면 주문 건을 확인한다. 해외 재고가 있는지 확인하는 게 우선이다. 나는 리스팅 정리하는 파일에 연결해서 판매 내역 시트를 만들어 뒀다. 주문 수집 양식에 내용을 넣으면 판매자 관리 코드를 통해서 vlookup으로 판매 사이트 링크를 끌어온다. 그 링크로 들어가서 가격과 재고 여부를 확인한다. 그리고 현재 들어온 주문 제품과 같은 제품인지 확인한다. 한 번씩 옵션이 살짝 바뀌는 경우가 있어 사진이 일치하는지 확인하고 주문 처리를 해야 한다.

판매 사이트 링크 끌어 오기 엑셀 수식 예시

=vlookup(C2187,USA!$A$5:$AO$40459,14,0) / 상품 리스팅 시트의 정보를 끌어온다

나는 해외 가격과 마켓 판매 수수료율을 넣으면 자동으로 마진이 계산되게 엑셀을 세팅해 뒀다. 마진 식은 앞에서 설명한 대로 설정하면 된다. 이렇게 하면 상품 주문을 처리할 때 마진이 얼마인지 미리 알 수 있다. 계산할 때 마진이 마이너스인 경우도 한 번씩 있다. 그럴 경우엔 판매 취소를 하거나 경험삼아 손해를 감수하고 보내 볼 수 있다. 판매 취소를 하

면 마켓 점수가 내려가고 이는 고객들이 상품을 검색할 때 상품의 노출도에 나쁜 영향을 미치기 때문이다.

　해외 주문은 계약된 배송대행지로 발송하면 된다. 보통 배대지에서 제공하는 도시별 주소가 있고 이걸 아마존 내의 'Address'에 등록해 사용하게 된다. 메인으로 쓰는 배대지 주소가 있으면 그걸 기본값으로 설정하고 계속해서 사용하면 된다.

아마존 결제 화면

해외 결제를 위해선 보통 Visa, Master 카드, 혹은 페이팔이 필요하다. 아마존의 경우 Visa, Master 카드 둘 다 사용 가능하다. 한번 등록하면 계속해서 사용할 수 있다.

배대지 정보를 넣고 주문하면 해외 주문 번호가 나온다. 해외 주문 번호도 엑셀 시트에 기록해 둬야 한다. 같은 제품에 대해서 주문이 여러 건 오는 경우에 나중에 송장 번호를 제대로 챙기기 위해서다. 같은 제품이 여러 개 배송되면 해외 송장 번호를 제대로 챙기기가 어려운데 이때 주문 번호를 알고 있으면 주문 번호로 검색해 정확한 송장 번호 확인이 가능하다. 이와 별개로 추후 세금 관련한 소명 요청이 있을 때 해외 주문 건에 대한 영수증을 쉽게 찾을 수도 있다

주문 확인은 보통 마켓별로 들어가서 하는데, 나중에 주문이 조금씩 많이 들어오면 주문 수집 프로그램을 활용해 한 곳에서 주문을 모아서 확인하고, 발송 처리할 수 있다.

3) 개인 통관고유부호 체크

주문이 들어왔을 때 가장 많이 문제 되는 부분은 수취인과 구매인이 다른데 구매자 통관고유부호를 넣어서 주문이 접수된 경우다. 수취인과 통관고유부호가 일치하지 않으면 통관이 진행되지 않는다. 그래서 통관고유부호를 확인하고 나

서 배송을 하는 게 좋다. 통관고유부호 조회는 '셀러 라이프'
라는 사이트에서 할 수 있다. 수취인명과 통관고유부호를 넣
으면 일치 여부를 알 수 있다.

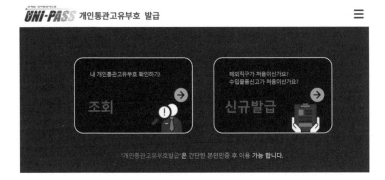

통관고유부호 발급 사이트 '유니패스' 서비스 화면

　일치하지 않는 경우엔 고객에게 요청해서 수취인의 명의로
된 통관고유부호를 받아야 한다. 받는 방법은 유니패스 사이
트에 접속해서 기존 발급된 통관고유부호가 있는지 조회해
볼 수 있고, 없다면 신규 발급이 가능하다. PC나 모바일 모두
발급이 가능하니 고객에게 설명이 된 블로그 링크를 보내주
는 것도 하나의 방법이다.

4) 고객 문의 사항 대응법

　고객 문의 사항은 주문 가능 여부, 그리고 제품에 대해서

물어보는 경우가 대부분이다. 주문 가능 여부는 고객에게 어느 마켓인지, 어떤 상품명으로 올라가 있는지 확인하면 된다. 가장 좋은 건 상품 번호가 들어가 있는 링크를 받는 것이다. 그러면 바로 정리해둔 엑셀 파일에서 조회해서 상품 링크로 가서 재고 및 가격 여부를 확인할 수 있다. 가격 변동이 있다면 바로 반영하는 게 좋다. 부업으로 진행한다면 회사에서 이런 문의에 바로 대응하는 게 어려울 수도 있다. 하지만 구글 드라이브 시트에 정리해두면 스마트폰으로 접속해서 바로 확인할 수 있다.

전압에 대한 문의도 많은 편이다. 각 나라별로 한국에서 바로 사용할 수 있기도 하고, 변환 플러그(돼지코)나 변압기가 필요한 경우도 있다. 일전에 변압기가 필요한데 돼지코만 끼우면 된다고 잘못 안내했다가 전자기기가 고장 난 사례가 몇 번 있었다. 미국 제품의 경우는 110v라서 보수적으로 변압기가 필요하다고 안내하는 게 좋다.

5) 품절, 가격 변동 등 상품 관리방법

상품 등록하고 마켓의 상태를 좋게 유지하려면 가격 변동 및 품절 여부, 삭제 여부를 계속해서 확인해야 한다. 상품 상태를 최신화해주는 것이다. 상품이 늘어날수록 이렇게 상품

최신 상태를 업데이트 하는 데도 많은 시간이 든다. 처음 등록할 때 사용한 상품 관리 프로그램을 이용하면 이런 가격 및 품절 여부를 각각의 마켓에서 수동으로 관리하는 것보단 수월하게 할 수 있다.

샵링커, 이지위너, 사방넷, 넥스트엔진과 같은 프로그램으로 이런 관리를 할 수 있다. 동일한 상품이 여러 마켓에 업로드될 경우, 같은 상품이라는 걸 인식시켜주는 매칭 작업에 시간이 오래 걸린다. 이 과정을 거치고 나면 상품에 대한 통합 관리가 가능하다. 프로그램을 이용하는 비용이 있으므로 상품 등록 뿐만 아니라 이후 수정 작업까지 고려해서 자신에게 맞는 프로그램을 선택하는 게 좋다.

6) 배대지 등록 및 물건 보내기

배대지 정보 등록 화면

해외 주문이 완료되면 배대지에 도착할 제품 정보를 정리해서 배대지 사이트에 업로드해야 한다. 제품명, 제품 링크, 제품 수량과 수취인 정보를 입력한다. 보통 배대지별로 엑셀 업로드를 지원하고 양식이 정해져 있어서 맞춰서 정보를 채우고 업로드하면 된다.

해외 배송이 시작되면 해외 배송 택배 번호가 나온다. 이 번호를 배대지에 등록해야 한다. 그래야 택배 번호로 매칭해 상품을 출고할 수 있다. 이 과정을 잘 해줘야 배대지에 물건이 도착했을 때 지연 없이 바로 출고될 수 있다.

배대지 별로 검수 과정이 있고, 물품에 문제가 있을 경우 따로 처리 과정을 확인하고 물건을 보낼지 말지 결정하게 된다. 물품이 주문한 것과 다른 경우도 있고, 수량이 일부만 도착하는 경우도 있고, 물품에 파손이 있는 경우도 있다. 이럴 땐 고객에게 안내하거나, 해외 사이트에 클레임을 제기하거나 재주문해야 한다.

정상적으로 배대지에 물건이 도착하고, 등록한 송장 번호와 매칭되면 바로 출고 처리된다. 출고는 해운·항공으로 진행되고, 국내에 도착하면 국내 택배사에 전달된다. 고객이 택배 조회를 할 수 있는 시점은 국내 택배사에 물건이 넘어간 후다. 이 부분을 고객에게 잘 안내해 줘야 불필요한 CS를 예방할 수 있다.

> 고객님 안녕하세요? 쿠팡 건강식품 판매자입니다. 주문하신 제품은 현지 주문 처리 완료되었으며 현시점 이후 취소 시 고지된 반품비가 발생할 수 있습니다. 배송 조회는 국내 도착 후 가능하니 참고하시기 바랍니다. 구대러 드림

고객 안내 문자 예시

7) 배송 관리의 기술

배송대행지에서 정상적으로 출고가 됐다면 큰일 없이 고객에게 도착하는 경우가 대부분이다. 하지만 종종 세관에서 더 이상 운송이 진행되지 않는 경우가 있다. 대부분 고객이 입력한 수취인 통관고유부호가 잘못됐거나, 면세 한도를 넘어서 관부가세가 발생했거나, 통관 불가한 제품인 경우다. 통관고유부호 문제가 압도적으로 많다.

배송대행지는 대부분 배송 조회 기능을 탑재하고 있다. 한 건씩 조회해 보면서 배송 완료가 되지 않는 건은 확인해 봐야 한다. 고객이 받아야 구매확정을 하고 매출이 정산되기 때문이다. 주문이 늘어나면 생길 수밖에 없는 일이니 긴장하지 말고 처리해 보자.

통관고유부호는 발송 이전에 확인 가능하다. 앞에서 소개

한 키워드 확인 사이트에서 통관고유부호 일치 여부 확인 서비스를 제공한다. 셀러마스터를 사용한다면 수취인명, 통관고유부호를 모두 입력하면 일치 여부를 미리 확인할 수 있다. 수취인과 구매인이 다른 경우가 있는데 수취인 통관고유부호 대신 구매인 통관고유부호를 넣는 경우가 많다. 그럴 땐 '수취인(구매인)', 이런 식으로 이름을 적어 발송하면 대부분 통과된다. 통관고유부호 불일치로 배송이 안 될 경우 판매자 귀책사유가 아니다. 마켓에서 보상받을 수 있는 부분이니 잘 챙기도록 하자.

관부가세가 발생했을 경우엔 보통 관세 사무소나 배송대행지에서 연락이 온다. 연락 없이 배송이 안되고 있으면 우선 특송사나 관세 사무소에 문의하면 된다. 목록 통관의 경우는 특송사에, 일반 통관 건은 관세 사무소에 문의하면 된다. 관부과세를 대납하거나 고객에게 납부 안내를 해서 처리하면 된다. 원칙적으로 파는 제품 가격이 면세 한도를 넘지 않는다면 판매자 잘못이 아니다. 하지만 고객이 관부가세를 못 내겠다고 하면 절반씩 내는 방법으로 진행하는 등 협상 여지를 남겨둘 필요가 있다.

5

고객 관리
기술의 모든 것

1) 문자 안내의 기술

한번 나에게 구매한 고객은 관리해야 한다. 다음에 다시 구매하게 하거나 그게 안된다면 상품 구매에 대한 리뷰 정도는 받아야 한다. 재구매를 이끌어 내려면 서비스를 잘해줘야 한다. 주문 확인, 제품 발송, 배송 완료 단계별로 고객에게 문자로 안내를 해주는 것이 좋다. 다른 판매자가 하지 않는 서비스를 제공할 때 고객은 만족하고 재구매 확률이 높아진다. 부업으로 하면 이렇게 단계별로 안내하는 게 어렵지만, 리뷰는 구매 확정 시 리뷰 포인트를 설정하면 쉽게 받을 수 있다. 상품평 이벤트에 대한 안내 문자를 남기면 상품 리뷰를 유도할 수 있다.

고객님 안녕하세요? 쿠팡 건강식품 판매자입니다. 주문하신 제품은 현지 주문 처리 완료되었으며 현시점 이후 취소 시 고지된 반품비가 발생할 수 있습니다. 배송 조회는 국내 도착 후 가능하니 참고하시기 바랍니다. 구대러 드림

주문 확인

고객님 안녕하세요? 쿠팡 건강식품 판매자입니다. 주문하신 제품은 현지 항공 출고 완료되었으며 배송 조회는 국내 도착 및 택배사 인계 이후 가능하니 참고하시기 바랍니다. 구대러 드림

제품 발송

고객님 안녕하세요? 쿠팡 건강식품 판매자입니다. 주문하신 제품 배송 완료되었으며 현재 제품 리뷰 이벤트 진행하고 있습니다. 수령하신 후 포토 리뷰(찜 포함)와 5점 후기 캡처 보내주시면 스타벅스 쿠폰 보내 드립니다. 즐거운 하루 보내세요. 구대러 드림

배송 완료(리뷰 이벤트 포함)

문자로 안내하면서 스토어 링크를 넣어두면 고객이 향후에 스토어를 방문해 재구매하게 할 수도 있다. 스토어 정보만 문자로 보내는 것은 안되지만 배송 정보와 함께 제공하는 건 문제가 없다.

가능하면 단계별로 고객이 배송 상황을 궁금해하지 않도록 문자를 보내주는 게 좋다. 국내 마켓에서 제품을 사면 배송 상황이 하나씩 업데이트되는 것과 동일하다. 고객은 한 번이라도 좋은 경험을 한 판매자에게서 계속 상품을 사고 싶어 한다. 우리도 이런 좋은 경험을 제공하는 판매자가 되어보자.

고객에게 문자를 보낼 때 스마트폰으로 하면 시간이 너무 오래 걸린다. 안드로이드폰은 자체에서 스마트폰과 연동되는 문자 서비스를 제공한다. 구글 메시지 서비스에 접속 후 스마트폰 인증을 한번 하면 통신사 제공 문자와 연동돼 웹에서 바로 문자를 보낼 수 있다. 문자 무제한 요금제를 사용 중이라면 안내 문자 발송에 부담이 없다.

아이폰은 맥북을 쓴다면 아이폰에서 '문자 메시지 전달 기능'을 활용해 맥북으로 쉽게 연결해서 사용할 수 있고, 윈도우를 사용한다면 'Dell Mobile Connect'라는 프로그램을 설치해 PC와 연결하면 메시지를 PC에서 확인하고 보낼 수 있다..

2) 단골이 밥 먹여 준다

구매대행은 단건으로 끝난다고 생각하는 사람이 많다. 하지만 구매대행도 고객과 관계를 잘 맺으면 꾸준한 구매로 이어진다. 가격이 비슷하다면 기존에 구매했던 판매자에게 사는 경우가 많다. 이런 걸 생각해 보면 한 번이라도 나에게 산 사람이 다시 구매하게 하는 게 중요하다.

매월 제로에서 시작하는 게 아니라 계속해서 거래를 이어 나가면서 깔고 가는 단골 고객을 만들어야한다. 어떻게 고객을 단골로 만들 수 있는지 알아보자.

'천의무봉'이라는 말이 있다. 선녀의 옷에는 바느질한 자리가 없다는 뜻이다. 이처럼 고객이 어떤 불편함도 겪지 않고, 걱정하지 않도록 하는 게 제일 중요하다. 우선 앞서 설명한 문자 안내 기술을 활용해 고객에게 점수를 얻자.

재구매를 위해서 마진 일부를 고객에게 돌려주는 게 필요하다. 리뷰를 받기 위해 고객에게 기프티콘이나 쿠폰을 보내줄 수 있다. 여기에 더해 향후 재구매 시에도 동일한 서비스나 쿠폰이 제공될 것이라고 알려준다. 어차피 구매할 제품이 있다면 고객 입장에선 뭐든 더 주는 판매자를 찾을 확률이 높다.

스마트스토어를 보면 구매나 리뷰에 대한 보상으로 네이버 포인트를 제공할 수 있다. 네이버 포인트는 네이버 쇼핑을 이용하는 고객이라면 어디든 사용할 수 있는 마일리지다. 이 포인트를 넉넉하게 제공하도록 설정하면 고객이 구매를 고려하는 요소가 된다.

3) 고객 클레임 응대 매뉴얼

1> 품절

품절은 매월 가격 및 재고 상태를 관리를 해주더라도 일어날 수밖에 없는 구매대행업자의 숙명이다. 평소 소싱하는 사이트에서 제품이 품절됐다면 다른 곳에서 같은 상품을 찾아야 한다. 일단 제품명으로 구글 검색을 한 후 주문 가능한 사이트가 나오면 주문 처리를 한다.

이보다 조금 더 정교한 방식은 UPC(UNIVERSAL PRODUCT CODE)로 검색하는 것이다. UPC는 세계적으로 통용되는 상품 관리 코드다. UPC가 있는 제품도 있고 없는 제품도 있는데 UPC가 있는 제품이라면 'UPCitemdb'라는 사이트에서 조회 가능하다. 여기서 UPC를 넣고 검색하면 동일한 UPC를 가진 제품의 판매처를 보여준다. 판매 상태가 제대로 업데이트 안된 곳도 있지만, 없는 것보다는 낫다.

UPC 898220009312 has following Product Name Variations:

1. Gold C, Vitamin C,1,000 mg, 60 Veggie Capsules
2. California Gold Nutrition, Gold C, Vitamin C, 1,000 Mg, 60 Veggie Caps Immune
3. Vitamin C, Qual-C, 1000 Mg, 60 Veggie Caps - California Gold Nutrition
4. Vitamin C
5. 2-PACK California Gold Gold C Vitamin C 1000 mg Immune 60 Vege Caps EXP 04/23

More Info		
UPC-A:	8 98220 00931 2	
EAN-13:	0 898220 009312	
Country of Registration:	United States	
Brand:	California Gold Nutrition	
Model #:	CGN-00931	
Color:	NA	
Weight:	1.00 lbs	
Last Scanned:	2021-10-18 02:58:16	

Ad   ebay

California Gold Nutrition, US $22.93 Free Shipping
California Gold Nutrition, US $16.66 Free Shipping
Californi Gold Nut US $38. Free Ships

Stores	Product Info	Price
eBay.com	California Gold Nutrition, Gold C, Vitamin C, 1,000 mg, 60 Veggie Capsules	$16.66
Wal-Mart.com	California Gold Nutrition Gold C, Vitamin C, 1,000 mg, 60 Veggie Capsules	$20.96
OnBuy.com	Gold C, Vitamin C, 1,000 mg, 60 Veggie Capsules	£9.99
Jet.com	Vitamin C	$11.93

UPCitemdb 검색 결과

    이렇게 해서도 동일 상품의 판매처를 찾지 못한다면, 이제
는 대체 상품을 안내할 차례다. 만약 건강식품이라면 동일한
성분, 동일한 함량, 동일한 개수인 상품을 찾아서 안내한다.
이렇게 안내할 때 2가지 대체 상품을 보여주면서 고객에게
어떤 제품을 선택할지 물어보는 게 1가지 상품만 보여주는
것보다는 낫다. 심리학적 기법인 '더블 바인딩'을 활용해 보
자. 2가지를 보여주면 대체 상품을 받아볼 것인지 말 것인지
가 문제가 아니라 어떤 대체 상품으로 받아볼 것인지로 고객
의 고민이 바뀌게 된다.

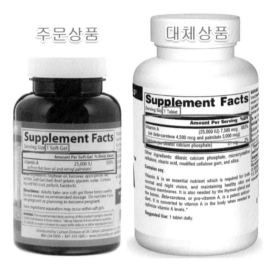

주문상품   대체상품

품절 시 같은 성분 함량과 개수를 가진 상품을 찾아
고객에게 제시할 수 있다.

    대체 상품을 안내할 땐 기준 상품의 사진, 성분 함량과 대
체 상품의 사진, 성분 함량을 비교해서 보여주는 게 좋다. 이
런 식으로 보여주면 고객이 쉽게 성분 함량 및 개수를 알고
판단할 수 있다. 고객에게 안내를 할 때 에버노트 주석 기능
을 활용하면 좋다. 에버노트 사용자라면 이 기능을 활용하고
아니라면 윈도우 내 그림판 작업으로도 충분하다.

    기본적으로 손해를 보지 않는 선에서는 기존 주문 상품보
다 좋은 상품을 보내주는 게 좋다. 고객에게 다른 상품을 안
내할 때 원래 상품보다 좋은 상품을 안내하고 이런 내용도 솔

직하게 알려주면 고객도 이해하고 제안을 받을 때가 많다. 일단 주문 취소를 하면 다시 나에게서 살 확률은 없다고 봐야 한다. 어떻게 해서든 들어온 주문을 처리해서 보내는 게 중요하다.

2> 주문 취소 · 반품

주문 취소는 언제나 가슴 아프다. 구매대행 시작 전에 제일 먼저 고민하는 게 '고객이 반품하면 어떻게 하느냐?' 일 것이다. 걱정할 필요 없다. 반품이 실제 매출에서 차지하는 비중은 많아도 2~3% 정도다. 버는 돈에 비해 크지 않다. 필사적으로 전화 응대하면 1% 선에서 막을 수도 있다.

일단 해외 주문 처리 전에 주문 취소가 들어온다면 쿨하게 받아준다. 해외 주문 처리를 했더라도 배송 도중에 취소 가능하다면 마켓 주문 취소를 받아주면 된다. 문제는 해외 배송이 시작된 후 주문 취소가 불가하거나, 항공기나 선박을 타고 한국으로 출발한 이후에 주문 취소가 들어오는 경우다. 이렇게 되면 고객에게 반품비 발생을 안내해야 한다. 기본적으로 해외 내에서 배송 중이라도 판매자에게는 추가적인 일이 생긴다. 이런 부분을 고객은 이해하지 못하겠지만 판매자에겐 하지 않아도 되는 일을 해야 하는 부가 업무가 생기고, 이 부분에 대해선 반품비를 받는 게 정당하다.

반품비 발생 시점에 대한 안내는 공지사항으로 올려 향후 문제 소지를 없애는 게 좋다. 물론, 이 공지를 다 읽고 주문하는 고객은 없다. 하지만 향후 분쟁이 생겼을 때 나의 주장을 뒷받침해 주는 근거가 된다. 쿠팡이나 스마트스토어는 구매자 편이다. 고객센터에 고객 불만이 접수되기 전에 고객과 직접 처리하는 게 좋다. 쿠팡은 판매자 동의 없이 구매자에게 자동 환불 처리하는 경우도 있다. 이럴 땐 쿠팡에서 보상을 받아야 한다. 반품비는 2만~3만 원 정도로 세팅하고, 단순 변심으로 인해 주문 처리 도중 취소를 한다면 2만~3만 원 차감 후 환불되게 처리할 수 있다.

물건이 한국으로 들어와서 배송되는 상황이라면 우선 고객이 받고 반품하도록 하면 된다. 이러면 고객이 귀찮아서 반품 처리를 하지 않는 경우도 있다. 판매자가 물건을 받으면 다시 해외로 돌려보내기는 현실적으로 어렵다. 실생활에서 사용해야 하는데 그럴 수 있는 아이템이 아니라면 고객과 어떻게든 협상해서 일부 금액을 돌려주더라도 고객이 사용하도록 하는 게 좋다. 주문 취소나 반품은 언제나 마음이 아프다. 구매대행하면서 겪을 수밖에 없다면 줄일 수 있는 방법을 고민해야 한다.

3>배송 지연

배송 지연도 자주 일어나는 일이다. 해외 재고가 입고되지 않으면 배송이 지연될 수밖에 없다. 한번 밀리면 계속해서 밀리는 경우가 많다. 배송 지연이 발생하면 고객에게 상황을 안내해야 한다. 일단 문자로 배송 지연에 대해 안내한다. 해외 배송이 늦어져 마켓에서 배송 지연 처리를 하고자 한다는 내용으로 보내면 된다.

고객님 안녕하세요? 쿠팡 건강식품 판매자입니다. 주문하신 제품이 현재 재입고 예정이라 예정된 배송기간보다 시간이 소요될 것으로 예상됩니다. 배송 지연 처리 및 재입고 후 발송 예정이니 참고하시기 바랍니다. 배송 지연 일자는 넉넉하게 설정한 것이고 입고 후 즉시 발송 예정입니다. 이용에 불편을 드려 죄송합니다.

배송 지연 고객 안내 문자 예시

마켓별로 배송 지연 처리 기능이 있다. 배송 지연 예상일을 해외 마켓에서 확인할 수 있으면 그것보다 2~3주 정도 더 여유를 갖고 일자를 선택한다. 한 번 밀리면 계속해서 밀리는 경우가 많다. 처음부터 넉넉하게 설정하고 빠르게 보내는 게 더 좋다. 이 부분도 고객에게 배송 기간은 넉넉하게 설정했으니 이보다 빨리 배송될 것이고, 변동 사항이 있으면 안내해 주겠다고 미리 고지한다.

마켓은 배송 기한을 지키는 걸 중요하게 생각한다. 그래서 배송 지연이 생기면 잘 확인해서 배송 지연 처리를 해줘야 한다. 판매자 점수가 노출과 연관이 있기 때문에 상품 배송 상태를 꾸준히 업데이트 해줘야 판매 기회 상실 및 마켓 페널티에 대한 리스크를 줄일 수 있다.

4> 상품 파손 · 분실

상품 파손은 배대지에서 1차적으로 검수할 수 있다. 배대지에서 문제가 없어도 고객이 받았을 때 깨지거나 누수가 있는 경우가 있다. 이럴 땐 바로 대체 상품을 보내준다고 하면 된다. 판매 취소를 당하는 것보다는 어떻게든 주문을 이행하는 게 판매자에게 유리하다.

분실은 국내 택배사에 문의한다. 택배 기사 연락처를 얻어서 확인할 수 있다. 택배 기사별로 지정된 지역을 돌기 때문에 상품을 기억하는 경우가 많다. 한 번은 무인 택배함에 놔뒀는데 고객이 그걸 몰라서 찾은 경우도 있었고, 우유 주머니에 넣어뒀다고 해서 찾은 경우도 있었다. 문제가 생기면 하나씩 풀어 나가면 된다. 클레임에 대한 걱정 때문에 사업이 어렵겠다라는 생각은 하지 말자.

구매대행 핵심 스킬 업
노하우 총정리

등록할 때 지켜야 할
사항들

1) 마켓 가이드라인 파악하기

앞장에서 말했지만 마켓에는 매뉴얼이 있다. 쿠팡, 스마트
스토어 등 각 마켓이 등록할 때 지켜야 할 부분을 자세하게
설명하고 있다. 이를 한 번도 읽어보지 않고 등록하는 사람이
태반이다. 아무것도 모를 땐 플랫폼이 제시하는 규칙을 따라
서 등록하는 게 정석이다.

- 상품을 등록하는 중 잠시 멈춰야 한다면 페이지 하단 **[중간저장]**
  을 눌러주세요. 중간 저장된 상품은 상품등록 페이지에서 쉽게
  불러올 수 있습니다.

- **[아이템마켓 검색]**에서 판매할 상품이 이미 등록돼 있는지 검색
  해보세요. 이미 등록된 상품이라면 기본 정보가 자동 입력되므
  로 빠르게 상품등록을 할 수 있습니다.

- 상품등록은 14단계입니다.

상품명 입력 → 카테고리 설정 → 옵션 설정 → 상품이미지 등록 → 상세설명 → 상품 주요정보 → 검색어 입력 → 검색필터 설정 → 상품정보제공 고시 → 배송
관련 사항 입력 → 반품/교환 관련 사항 입력 → 구비서류 준비 → 미리보기/중간저장 → 판매요청

쿠팡 상품 등록 매뉴얼 화면

위 이미지는 쿠팡 상품 등록 매뉴얼 화면이다. 마켓별로 조
금씩 다른데 기본적인 내용은 동일하다. 필요한 정보를 제대
로 꼼꼼하게 입력해서 고객이 상품을 찾기 쉽게 하는 게 골자
다. 쿠팡은 기존에 등록된 제품을 찾아서 쉽게 등록할 수 있
는 장점이 있다. 논란이 많은 위너 시스템인데 기존 등록된
동일 상품에 대해 가격 경쟁에서 이기면 기존 판매자의 상세
페이지 및 후기를 내 것처럼 가져올 수 있다.

위너 시스템은 가격과 배송 실적을 기반으로 같은 아이템
이면 보다 저렴하거나 배송이 빠른 제품을 노출시켜준다. 가
격 경쟁에서 밀린 판매자는 상세 페이지와 후기를 모두 뺏길
수 있어 많은 비판을 받고 있다. 아이템 위너 제품군에서 아
이템 위너(가격 및 배송 경쟁력을 지녔는지) 여부를 쿠팡에

서 확인할 수 있고 가격을 낮추면 다시 위너를 가져올 수 있다. 부업으로 할 때는 위너 시스템 챙기는 걸 추천하지 않는다. 차라리 새로운 상품 올리는 걸 추천한다.

매뉴얼은 상품명 입력, 카테고리 설정, 옵션, 이미지, 상세 설명, 주요 정보, 검색어, 검색 필터 등 등록에 필요한 모든 정보를 제공한다. 마켓에서 시키는 대로 하면 된다. 일부 반자동 등록 프로그램은 이런 세부적인 사항을 프로그래밍으로 구현하지 못해 제품 노출이 안되는 경우가 많다. 일단 처음엔 반자동 프로그램으로 등록하더라도 마켓에서 제공하는 매뉴얼에 맞게 수정하는 전략이 필요하다.

2) 상품 속성 정보 잘 입력하는 법

상품 등록할 때 잘 챙기기 어려운 부분이 상품 주요 정보를 입력하는 것이다. 네이버에선 상품 주요 정보, 쿠팡에선 검색 필터인데 이 기능은 고객이 원하는 상품을 보다 쉽게 찾을 수 있게 도와준다. 네이버에서 설명하는 대로 입력하면 검색 적합 상품이 될 확률이 높아지고, 상세 페이지에 상품 정보로 나오고, 검색 리스트에서 바로 상품 정보가 보일 수 있고, 네이버 쇼핑 탐색 도구에 나올 수 있다. 어떻게든 노출될 확률이 높아진다고 볼 수 있다. 귀찮더라도 각 마켓에서 요구하는 대로 입력해야 하는 이유다.

상품 주요 정보 입력을 독려하는 네이버 쇼핑

3) 검색 알고리즘 이해하기

네이버는 검색 기반의 IT 기업이다. 네이버 검색 엔진이 요구하는 것을 이해하고 상품 등록을 하면 검색 노출에 유리하다.

적합도는 이용자가 입력한 검색어가 상품명, 카테고리, 제조사·브랜드, 속성·태그 등 어떤 상품 정보와 연관도가 높은지, 어떤 카테고리 선호도가 높은지 산출해 반영된다. '나이

키'라는 브랜드의 경우 브랜드 유형으로 인식돼 상품명보다는 브랜드에 '나이키'로 입력하는 게 적합하고, 선호도에 맞는 카테고리에 등록됐는지가 중요하다.

인기도는 특정 기간 상품 클릭 수 및 판매 실적, 리뷰 수, 최신성 등을 판단해 상품 노출에 대한 점수를 부여한 후 상품명 검색 최적화(SEO) 및 스토어 페널티 등을 산정해 최종 점수를 판정한다. 스마트스토어의 상품 검색 SEO 가이드를 보면 확인할 수 있다.

아래에 대표적인 상품명 예시입니다. 간결하지만 사용자가 필요한 정보는 모두 담고 있습니다. 가격비교 상품이 이미 있다면 해당 상품명을 참고하시면 도움이 됩니다.

*파나소닉 루믹스DMC-GM1 디지털 카메라(1210만화소)

*애플 뉴맥북프로MGXOA(레티나15인치, 256GB SSD)

*GUESS 스키니 청바지 2599 다크 인디고 남성

*왕자행거 뉴 프리미엄 커튼형행거 드레스룸완전 밀폐형 3P

*아모레퍼시픽 헤라 옴므 셀 프로텍션 선커버 레포츠50ml (SPF50)

*마미포코 팬티형 4단계 대형 38매(남여선택)

스마트스토어 상품 검색 SEO 가이드(상품명)

중요한 상품명도 네이버에서 선호하는 순서가 있다. 이런 매뉴얼을 하나씩 챙기면 보다 상품 노출이 잘 되고 매출로 이어진다. 하나도 모르겠다면 각 마켓에서 원하는 매뉴얼을 참고해서 상품명을 짜보자. 네이버는 브랜드 - 모델명 - 상품 유형 - 색상 - 수량 - 속성 순으로 상품명을 작성하라고 안내하고 있다. 쿠팡에서 요구하는 상품명 작성도 참고해 둘의 접점을 찾아서 상품명을 짜면 된다.

내 물건이 팔리지 않는 이유
- 광고하기

1) 매출도 없는데 광고를 해야 하나요?

네이버 쇼핑 검색 광고 화면

네이버는 광고 시스템이 있다. 광고 시스템은 키워드 도구를 이용하기 위해 스마트스토어와 별개로 가입해야 한다. 스마트스토어를 운영하는 판매자는 주로 쇼핑 검색광고를 이용한다. 쇼핑 검색광고는 소비자가 검색했을 때 팔고 있는 제품을 상단에 노출해 주는 광고 상품이다.

'엽산' 검색 시 네이버 상단에 노출되고 있는 검색 광고 상품

엽산으로 검색하면 검색광고를 한 상품들이 상단에 노출된다. 자세히 보면 가격 왼쪽에 '광고'라는 문구가 붙은 걸 볼 수 있다. 이렇게 고객들이 검색했을 때 상단에 노출돼 구매로 이어질 확률이 높여 주는 게 쇼핑 검색광고다.

검색광고를 진행하는 기준은 한 번이라도 판매가 된 상품이다. 검색광고는 매출이 많이 없어도 집행하는 게 좋다. 네이버 검색광고는 클릭 시에만 과금이 되는 CPC(Cost Per Click) 유형이라 고객이 내 상품을 클릭해야 광고비가 나간다. 10만 원 정도 충전하면 몇 달은 사용할 수 있다. 쿠팡은 광고비를 많이 써야 효과가 있다. 하루 3만 원을 최소 집행 비용으로 해야 하는데 초반에는 큰 부담이 아닐 수 없다. 우선 네이버 광고만이라도 진행해 보는 것을 추천한다.

2) 네이버 광고 세팅하는 법

네이버 검색 광고 메인 화면

네이버 검색 광고 세팅 화면

구매대행 판매자가 해야 하는 광고는 '쇼핑 검색 유형' 광고다. '광고 만들기'에서 캠페인 생성 후 이름을 붙이고, 하루 예산을 설정한다. 보통 하루 1만 원을 소진하는 경우는 없다. 한주에 1만~3만 원 정도의 예산이 사용된다.

그룹 유형은 '쇼핑몰 상품형'을 선택하고 광고 그룹 이름은 캠페인 이름보다 세분화해서 적는다. 자신의 쇼핑몰을 선택하고, 기본 입찰가를 정한다. 보통 100원을 적어주면 된다. 동일하게 하루 예산은 1만 원으로 설정한다. 보다 공격적으로 하고 싶으면 입찰 단가와 예산을 올리면 된다.

광고할 제품 선택 화면

마지막으로 광고할 제품을 선택해 준다. 오른쪽에 있는 '상품 ID'를 클릭하면 상품 번호로 제품을 지정해서 광고할 수 있다. 판매되지 않은 제품까지 모두 광고를 하기에는 비용이 부담이 될 수 있으니 한 번이라도 고객이 구매한 제품을 광고하는 게 좋다.

광고할 상품을 선택해서 광고 만들기를 클릭하면 광고 캠페인이 생성되고, 네이버에서 검토 후 노출 여부를 결정한다. 상품명이 깔끔하게 설정되지 않으면 노출이 되지 않는 경우가 많다. 이때는 상품명 수정 후 재검토 요청을 하면 된다. 이렇게 하면 광고가 진행된다.

3) 광고 효과, 얼마나 되나?

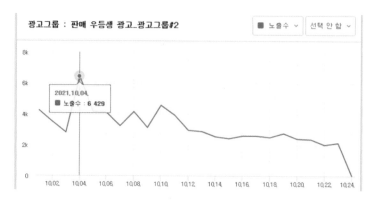

검색광고 집행으로 늘어난 노출 수

위 이미지는 광고 그룹 중 하나의 노출 추이다. 하루 노출이 6,000회가 넘어간다. 이 중에서 클릭된 경우만 광고비가 나가기 때문에 광고를 해주는 게 이익이다. 클릭 단가를 높지 않게 세팅하고, 하루 예산을 설정하면 오버해서 과금 될 걱정이 없어 광고는 무조건 해주는 게 좋다.

광고 효과를 올리기 위해선 제외 키워드를 설정해야 한다. 원하지 않는 키워드는 광고에 포함되지 않도록 하는 기능이다. 키워드 추출 사이트에서 키워드별 집행 단가를 알아내서 그에 맞게 광고 단가를 설정하는 방식도 있다. 기본적으로 판매가 일어난 건에 대해 100원 정도로 설정하면 된다. 상품 수가 많은 구매대행 특성상 높은 단가 책정이 어렵다는 점을 감

안해야 한다.

예상비용(PC)

예상 노출수		예상클릭수		예상 평균클릭비용		예상 비용	
16,726건		**142**건		**7,654**원		**1,086,868**원	

예상비용(모바일)

예상 노출수		예상 클릭수		예상 평균클릭비용		예상비용	
133,333건		**2,526**건		**6,574**원		**16,605,924**원	

평균 광고입찰가

순위	PC(원)	모바일(원)
1	8,800	6,870
2	7,760	6,620
3	6,620	6,440
4	6,500	6,090

키워드 추출 사이트를 참고해 광고예산 수립할 수 있다.

매일 일정한 시간에 하라
- 루틴의 중요성

1) 시간을 확보하라

구매대행을 하면서 느낀 것은 일을 몰아서 하기보단 나눠서 꾸준히 하는 게 중요하다는 것이다. 원하는 목표가 멀어 보여도 꾸준히 하는 게 어떤 일이든 중요하다는 걸 새삼 느낀다. 하루에 정해진 양의 상품을 등록하는 게 가장 중요하다. 그렇게 하기 위해서는 정해진 시간에 일을 해야 한다. 직장 다니면서 부업으로 하다 보면 쉽지 않을 수 있다. 퇴근 시간이 일정한 직장이라면 괜찮지만, 퇴근이 일정하지 않은 경우가 많다. 그래도 최대한 시간을 확보해야 한다.

퇴근하고 나서 식사를 마치고 3~4시간을 확보하는데 주력

하자. 새벽형 인간이 좋다고 하는데 나는 도저히 아침에 일어나지지 않아 원래 익숙한 밤에 일하고 있다. 퇴근 시간이 비교적 일정한 회사에 다니고 있어 퇴근하면 개인 사무실로 다시 출근한다. 회사에서 밥을 먹고 나오면 식사 시간을 아낄 수 있다.

2) 몸은 할 일을 기억한다.

규칙적으로 일하는 게 중요하다. 매일 꾸준히 정해진 양의 업무를 하는데 집중하자. 하루의 업무 순서를 짜 놓고 그대로 진행하자. 퇴근하면 주문 확인을 한다. CS가 있으면 고객에게 문자를 보낸다. 주문 및 CS 처리하고 새로 등록할 아이템을 소싱한다.

나는 직원이 있어 직원이 작업할 물량을 준비하는 게 일이다. 나중엔 이 일도 직원에게 시키면 된다. 무슨 일이든 내가 해보고 프로세스로 매뉴얼화 할 수 있다면 다른 사람에게 시킬 수 있다. 이 부분은 레버리지를 다루는 다음 챕터에서 얘기하겠다.

일정한 시간에 정해진 일을 하면, 어느 정도 몸이 기억한다. 그 리듬에 맞게 몸이 최적화된다. 적어 놓지 않고 보지 않아도 자동적으로 몸이 기억해서 일을 하게 된다. 이 정도 상태를 만들려면 꾸준한 시간 동안 정해진 순서대로 일을 하고, 정해진 양을 채우려는 노력이 필요하다.

사무실이 없이 집에서 일을 한다면 유혹거리가 많다. 가족이 있다면 일을 하는데 아무래도 어려움이 있을 수 있다. 가족에게 양해를 구하고 자신만의 자리를 마련하고 그 시간을 온전히 써야 한다. 제일 좋은 건 카페나 공유 오피스를 하나 얻어서 일하는 장소에서 업무를 하는 것이다.

집에서 일을 한다는 건 집이라는 공간의 목적성에 반하는 행동일 수 있다. 각 공간마다 목적을 갖고 있다. 회사는 일하는 공간이다. 재택근무할 때 집보다 회사에서 일이 잘 된다는 걸 새삼 느낀다. 목적에 맞게 장소를 분리할 필요가 있다. 일할 장소가 마련되면 그곳에 가는 걸 루틴으로 삼아라. 일단 일하는 곳에 가서 쉬더라도 일하는 곳에 가면 결국엔 조금이라도 일을 하게 돼 있다. 몸을 일하는 장소로 넣고, 일하는 시간을 배꼽시계처럼 인식시키는 방법으로 일하는 몸을 만들길 추천한다.

3) 확보한 시간을 제대로 써라

만약 시간이 확보되었다면, 확보된 시간을 알차게 쓰려고 노력한다. 시간을 알차게 쓰는 방법은 하루 할 일을 미리 생각해서 일을 시작하는 것이다. 보통 점심시간에 하루 할 일을 생각해서 메모 어플에 적어둔다. 그리고 그 일을 저녁에 하나씩 처리한다.

무슨 일을 할지 정하지 않은 채 일을 한다는 건, 방향을 정하지 않고 차를 모는 것과 같다. 대략적으로 무슨 일을 할지는 정해져 있겠지만 사람은 시각화된 할 일이 있을 때 보다 더 적극적으로 일을 처리하고 생산적일 수 있다.

추천하는 최고의 방법은 포스트잇에 하루 할 일을 간단하게 적어보는 것이다. 그리고 잘 보이는 곳에 붙여 둔다. 할 일이 완료되면 하나씩 지워 나간다. 이렇게 완료하는 쾌감이 보다 더 많은 일을 하는 동력이 된다. 컴퓨터 프로그램으로 할 수도 있으나 일하면서도 볼 수 있는 곳에 시각화된 작업 리스트가 있을 때 보다 더 생산적인 걸 경험했다.

4

뽀모도로 습관으로
시간 관리하기

1) 뽀모도로가 뭐에요?

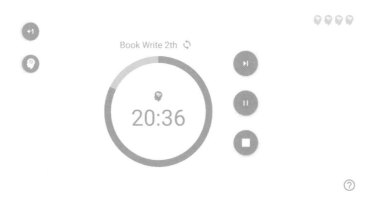

뽀모도로 타이머 어플 화면

나는 지금 뽀모도로 타이머 어플을 켜두고 흘러가는 시간을 느끼면서 글을 적고 있다. 뽀모도로는 파스타의 이름이기도 하다. 이탈리아어로 토마토를 의미하는데 시간 관리 방식에서 뽀모도로는 25분 일하고 5분 쉬는 패턴을 기본으로 한다.

25분 동안은 일을 한다. 그리고 5분은 자리에서 일어나서 쉰다. 5분 쉬는 동안은 물을 마시든 화장실을 가든 자리에서 꼭 벗어나야 한다. 5분이 다 지나면 다시 25분의 업무 처리 시간을 가진다. 25분 동안 4번 일하고 나면 15분의 긴 휴식 시간을 갖는다. 이렇게 하면 너무 자주 쉬는 것 아니냐고 할 수 있지만 평소보다 집중력 있게 일해 생산성이 훨씬 올라가는 것을 느낄 수 있다. 달콤한 15분의 휴식 동안은 업무에서 벗어나 쉬면 된다.

25분 일하고 5분 쉬는 게 기본이지만 자신의 상황에 맞게 유연하게 설정하면 된다. 보다 긴 호흡의 일을 해야 할 경우 50분 업무, 10분 휴식으로 하는 경우도 있다. 오디오 소셜 플랫폼 '클럽하우스'에는 뽀모도로 방이 있다. 25분 무음 상태로 일하고, 5분은 수다 떨다가 다시 일하는 방식이다. 혼자서 하면 지키기 어렵고 심심한 경우가 많은데 집중해서 일하고 쉬는 시간엔 담소도 나눌 수 있으니 괜찮은 방식이라고 생각한다.

부업으로 하면 시간이 많이 주어지지 않기 때문에 알차게 써야 한다. 이렇게 규칙을 갖고 일하면 시간에 예민해지고,

시간을 조금 더 잘 활용하려고 노력하게 된다. 일단 자신이 실제로 얼마나 일하는지 측정할 수 있다.

2) 뽀모도로 관련 툴 소개

뽀모도로를 쉽게 할 수 있게 도와주는 도구로 아날로그 타이머가 있다. 알람을 25분 후에 맞추고 25분이 지나면 알람이 울린다. 그러면 5분 쉬고 다시 업무를 시작할 때 25분을 세팅하고 진행한다.

스마트폰 어플도 있다. 초침이 흘러가는 소리도 효과음으로 설정할 수 있다. 안드로이드에선 'Brain Focus'가 좋고, 아이폰에선 'Be Focused'를 추천한다. 활동을 구분해서 시간을 측정하면 내가 어떤 일을 하면서 사는지 알 수 있다. 실제로 2018년 한 해 동안 뽀모도로로 모든 활동을 기록했는데 내가 무슨 일을 하면서 살았는지 확실히 돌아볼 수 있었다.

'ticktick'이라는 할 일 관리 프로그램은 뽀모도로를 내장하고 있다. 할일을 등록하고 그 일에 대한 뽀모도로 타이머를 컴퓨터로 틀어 놓고 일할 수 있다. 그외 다양한 컴퓨터 프로그램이 많으니 자신에게 맞는 방식으로 적용해보면 된다. 시간 관리는 무슨 일을 하든 필요하다. 구매대행을 시작하면 뽀모도로를 해보는 것을 추천한다.

5

시작은 내가 하되 끝은
내가 아니다 - 레버리지 활용법

1) 단순 반복에서 벗어나는 방법

구매대행 일을 하다 보면 단순 반복이라는 걸 알 수 있다. 상품을 고르고 노출하는 방식은 전략이 필요하다. 하지만 상품명 번역하고, 등록하고, 가격 수정하는 업무는 단순 반복이다. 어느 순간 이런 일을 계속해서 내가 할 수 없다는 걸 느끼게 된다. 우선 모든 일은 자신이 할 수 있어야 하지만 시간이 지나고 주문이 들어오고, 전략에 대해서 고민해야 할 시간이 오면, 단순 반복되는 일은 다르게 처리해야 한다고 생각하는 시점이 온다.

어떤 일을 하든 가슴이 뛰는지 아닌지 확인해 봐야 한다.

이 일을 계속해서 할 수 있을 것인지, 나의 성장에 도움이 되는 일인지 계속해서 질문해 봐야 한다. 단순 반복되는 일이 가슴을 뛰게 하는 일이라면 그 일을 계속해도 되지만 대부분의 사람은 반복되는 일에 지루함을 느낄 것이다.

실제로 구매대행 업무를 하면서 상품명 번역을 하는 게 정말 괴로웠다. 이건 영어를 조금 할 줄 아는 사람이 방식만 알면 할 수 있을 것 같았다. 그래서 아르바이트를 뽑았다. 재택근무로 일할 아르바이트를 뽑았고, 내가 물량을 준비하면 아르바이트에게 엑셀 파일을 보내줬다. 아르바이트가 작업한 걸 내가 검수하고 업로드했다. 레버리지를 실천한 것이다.

2) 레버리지의 개념

레버리지는 지렛대를 의미한다. 금융에선 자기 자본이 아닌 타인 자본으로 자기 이익률을 높이는 의미로 쓰인다. 대부분 대출을 의미하는 경우가 많다. 롭 무어의 책 '레버리지'에선 가치가 있는 것을 남기고 그 외의 모든 것을 줄이거나 제거하는 것을 레버리지라고 정의한다. 아웃소싱으로 이해해도 무방하다. 삶에서 지루하고 따분한 일을 최대한 많이, 최대한 빨리 레버리지 하는 것을 목표로 설정하라고 책은 말한다.

나이키는 마케팅만 하고 생산하지 않는다. 핵심 역량에 집중하기 위해서 생산 공장은 전 세계에 퍼져 있다. 핵심 역량 외에는 모두 아웃소싱했다. 이런 걸 레버리지라고 할 수 있다. 사업에도 레버리지가 필요하다. 처음엔 혼자서 모든 걸 다 하지만, 나중엔 하나씩 다른 사람에게 돈을 주고 시켜야 한다. 직원을 채용하는 것이다.

직원을 채용하면 월급을 주기 위해서 내가 열심히 하게 된다. 또, 의사 결정의 질을 점점 높여 나가야 한다. 반복되는 일을 계속한다는 건 기능적인 측면이 강하다. 사업을 하려면 반복되는 단순한 일보다는 전략에 집중해야 한다. 이것을 가능하게 해주는 게 레버리지다. 직원을 채용해서 내가 하는 일 중에서 비교적 단순하게 할 수 있고 부가가치가 적은 일을 맡긴다. 사장은 부가가치가 높은 일에 집중한다. 이런 식으로 점점 부가가치의 사슬 위로 올라가는 게 레버리지의 목표다. 결국엔 모든 업무에서 자유로운 단계까지 가는 게 레버리지의 궁극적 목표다.

3) 아르바이트 채용 및 관리 방법

아르바이트 인력은 알바천국, 알바몬 등에서 뽑으면 된다. 개인적으로 알바천국 지원자가 더 많았다. 대략적인 업무 설명을 해주고, 시급을 적고, 근로 기준을 준수해서 채용하면 된다. 바로 등록하는 서비스는 돈이 들고, 24시간 후 등록하는 서비스는 무료 등록 가능하다. 여유 있게 미리 올리면 돈을 아낄 수 있다.

면접 전에 간단한 테스트로 면접자를 추린다. 실제 입사했을 때 할 일의 가벼운 버전으로 상품명 번역을 진행한다. 그러면 회신율이 20~30% 내외다. 접수된 사전 과제에서 수행 능력이 좋은 사람을 뽑아서 면접을 본다.

면접은 사전 질문지를 작성한다. 기본적으로 들어가야 할 질문은 지원 동기, 쇼핑몰에 대한 관심, 회사에 대한 이해도, 개인의 장단점, 동료와의 관계 등이다. 이것 이외에도 이력서를 보면서 궁금한 점을 자연스럽게 물어보면 된다.

채용 이후엔 업무를 줘야 한다. 이때 업무에 대한 정확한 이해를 바탕으로 다른 이에게 설명할 수 있어야 한다. 말로 설명하는 것보다 매뉴얼로 설명하는 게 낫다. 화면 녹화 프로그램을 이용할 수 있으면 더 좋다. 상품명 번역, 등록 업무를 기본으로 한다. 반자동 프로그램을 이용하면 번역 및 등록을 동시에 진행할 수 있다. 매뉴얼의 수준은 중학생도 따라할 수 있을 정도다. 그렇게 만들어야 불필요한 질문이 줄어들고 핵심 업무에 집중할 수 있다. 아르바이트는 건당 정산하는 재택 아르바이트가 있고, 출근형이 있다. 번역은 건당 200~300원 정도를 지불한다. 최저 시급을 적용해서 1시간에 할 수 있는 작업량에 맞게 산정하면 된다. 내가 미리 상품을 고르고 태그 세팅 및 필수 키워드까지 세팅한 상황에서 줘야 하기 때문에 수량이 무한대가 아니다. 여러 명을 뽑아보고 잘하는 사람에게 일을 몰아주는 것도 필요하다.

채용 초반엔 매일 피드백을 주는 게 중요하다. 처음에 업무 능력을 끌어올려놔야 나중에 잘한다. 시간이 걸리는 사람도 있고, 빠르게 잘하는 사람도 있다. 속도 차가 있을 수 있지만 사장이 원하는 수준까지 도달해야 한다. 도달할 기미가 보이지 않는 직원은 미안하지만 함께하지 못할 것 같다고 말할 수 있는 결단력도 필요하다.

나는 회사에 출근하기 때문에 사무실을 차리는 데 어려움이 있었다. 하지만 구매대행 일을 가르치는 동생이 있어서 비교적 수월하게 진행할 수 있었다. 사무실을 같이 쓰고, 내가 매뉴얼로 커버할 수 있는 건 최대한 커버하고 나머진 동생이 케어하도록 요청했다. 직원 근태도 살피고, 모르는 부분이 있으면 알려주는 방식으로 사장 없는 사무실을 운영하고 있다. 사무실에 아무도 없이 직원이 열심히 일하게 할 수 있는 방법은 없다.

아르바이트를 뽑으면 아무래도 내 일이 줄어든다. 줄어든 일만큼 전략적인 일에 집중해야 한다. 소싱 다변화, 상위 노출, 광고 운영 등 다양한 마케팅 방법을 공부한다. 그래도 아르바이트는 기본적으로 관리해야 한다. 아르바이트가 하는 하루 업무량을 파악하고, 적절한 피드백 및 보상을 주는 게 필요하다. 피드백은 감정적이면 안되며, 보상은 시급을 올리거나 다른 선물을 챙겨주는 방식이면 된다.

4) 레버리지 이후의 과제

구매대행에서 레버리지 할 수 있는 일은 상품명 번역, 상품 등록, 상품 수정 등이다. 이외에 상품 소싱이나 마케팅 같은 전략적인 부분이 남게 된다. 이 부분도 직접 하다 보면 길이 보인다. 그러면 다시 매뉴얼화하고 직원에게 위임한다. 그리고 나면 또 다른 곳에 집중할 수 있다. 다른 형태의 사업이 될 수도 있고, 다른 나라를 시도해 볼 수도 있다.

내가 모든 것을 해야 한다는 강박에서 벗어나는 것이 필요하다. 실제로 상품명 번역이나 상품 등록 부분을 직원에게 맡기니 단순 업무에서 받는 스트레스가 사라졌다. 소싱이나 마케팅 부분에 집중할 수 있었다. 그 덕분에 이전부터 하고 싶던 구매대행 강의로 분야를 확장했다. 이런 식으로 내가 온전히 업무를 할 수 있으면 매뉴얼화 시켜서 다른 이에게 맡기고, 나는 이동하는 식으로 계속해서 진행하는 게 사업을 확장하는 방식이다.

레버리지하지 않으면 레버리지 당한다. 가능한 모든 일을 레버리지 하고 노동에서 자유로운 삶을 살 수 있는 날을 실현해야 한다. 내가 꼭 다 할 필요가 없다는 걸 사업하면서 알 수 있었다. 레버리지를 하나씩 실천해보자.

해외 구매대행
새로운 희망이다

다마고치
키우기

구매대행 사업 초반, 집에서 놀고 있던 동생(이하 다마고치)에게 같이 구매대행 사업을 해보자고 권했다. 나에게 한 번씩 돈이 필요하다며 빌려 달라고 하던 다마고치를, 대한민국 30대라면 당연히 해야 할 경제 활동에 참여시키려는 수작이었다. 아무래도 근 10년간 아저씨(옆 부대 군인)처럼 살아온 사이인데 갑자기 형이 자신의 삶에 간섭하는 것처럼 느껴졌을 수도 있었을 것이다.

내가 할 일인 번역 및 상품 등록의 일부를 떼서 다마고치에게 주기 시작했다. 다마고치가 생활비라도 벌어야 하니 일감을 주기 위해서 내가 열심히 상품 등록을 준비했다. 처음엔 다마고치가 실수가 많아 나에게 잔소리도 많이 들었다. 가능하면 어디 갖다 버리고 싶은 존재가 가족이라고 하지만, 나는 그럴 생각이 없었다. 그냥 알아서 살겠지 하기엔 다마고치의 삶은 약간 위태로워 보였다. 그래서 하기 싫은 게 보여도 억지로 시켰다. 몸 쓰는 일을 주로 하다가 컴퓨터로 일을 하려고 하니 처음엔 앉아 있는 게 무척 힘들었다고 했다.

다마고치는 이전에 사무직 일을 한 번도 해본 적이 없다. 그래서 다른 사람도 할 수 있다고 확실하게 말할 수 있다. 엑셀 함수도 써본 적도 없고, 컴퓨터로는 거의 게임만 했는데 이젠 매일 구글 스프레드시트를 활용해 소싱하고, 주문 정리하고, 마진을 계산한다. 일하는데 사실 큰 엑셀 기술이 필요하지 않다. 컴퓨터 기술은 일을 거들 뿐이다.

원래 처음엔 하나의 사업자로 같이 가려고 했는데 생각해 보니 추후 지분 구조가 명확하지 않을 것 같았다. 그래서 다마고치는 자기대로 사업자를 내기로 하고, 내 일은 아르바이트 형태로 하기로 했다. 그래 봤자 나한테 버는 건 생활비 정도였고, 나에게 일하는 방식을 배우면서 자신의 사업의 시행착오를 줄이는 것으로 활용했다고 본다. 처음엔 거의 다 떠먹여주면서 엑셀 양식도 공유해 주고, 시도하는 방식도 알려주고, 사용하는 서비스도 공유해 줬다.

거의 시스템의 복사라고 볼 수 있었다. 여러분도 주위에 유휴 인력이 있다면 자신의 시스템을 복사해보기 바란다. 그러면 내 시스템이 과연 복제 가능할 정도로 잘 작동하는지, 아닌지 알 수 있다. 온라인 쇼핑몰은 시스템 복사가 물리적 공간을 추가하는 게 아니기 때문에 테스트가 비교적 쉽다. 이런 식으로 시스템을 여러 개 갖는 게 다양한 파이프라인을 구축하는 방법이다.

초반 다마고치의 사업은 정말 지지부진했다. 거의 1년 반 정도 부업으로 하는 내가 전업인 다마고치의 매출을 앞섰다. 그러다 둘이서 사무실을 얻으면서 조금씩 바뀌기 시작했다. 다마고치는 원래 집에서 일했다. 아무래도 생활 패턴이 엉망이었을 것이다. 확인된 바는 없지만 대충 일어나는 대로 일하고, 무슨 일 있으면 일 안 하고 친구들과 놀러 나가고, 그랬을 것이다. 사무실을 얻고 나선, 내 아르바이트 직원이 출근하려면 다마고치가 문을 열어줘야 했다. 은행원이 말하는 키 당번이 된 것이다.

지금 사무실을 얻은지 딱 1년이 됐다. 다마고치가 지각하면 직원에게 '사장님 문이 안 열려 있어요'라고 문자가 오기 때문에 바로 알 수 있다. 내가 알기로 다마고치는 지난 1년간 딱 3번 지각했다. 사람이 책임감을 억지로라도 갖게 되면 생활리듬이 일정해지고 지킬 수밖에 없다. 회사 일을 잘할 수밖에 없는 이유도 항상 정해진 시간에 가서, 정해진 시간 동안 같은 일을 반복하기 때문이다. 1만 시간의 법칙은 확실히 맞다. 다마고치는 출석은 잘하는 존재라서 열심히 사무실에 나와서 문을 열었다. 이렇게 규칙적으로 나오는 사무실 생활은 그의 매출 신장으로 이어졌다.

2021년 어버이날이었다. 집에 도착해 다마고치와 사업 얘기를 잠시 했다. 지난달엔 얼마를 팔았냐고 물으니 내 월급 정도의 금액을 팔았다고 했다. 매출이 그 정도면 잘한 게 아니라 왜 그것밖에 못 팔았냐고 타박을 주려는데 매출이 아니라 마진이라는 것이다. 어떻게 그렇게 매출이 올랐는지 물어보니 비싼 아이템들이 잘 팔린다고 했다. 사무실만 같이 쓰지 마주칠 일이 없어 사업 얘긴 별로 안 해서 몰랐는데 짧은 시간에 엄청나게 성장한 것이었다.

이 글을 적다가 슬쩍 그의 구글 스프레드시트에 열어 보니 이번 달은 지난달보다 더 잘 팔고 있다. 비싼 아이템의 비밀을 물어보니 자신만의 소싱 방법이 있었고, 지속적으로 가격 관리를 해주고 있었다. 나름대로 페이지에 필요한 내용들을 추가해서 고객 신뢰를 얻는 방법을 시도하고 있었다. 그냥 생각 없이 하고 있는 줄 알았는데 그런 걸 챙기는 걸 보니 기특했고, 나는 매출이 따라 잡혔기 때문에 더 이상 잔소리를 하지 못하게 됐다.

청출어람이라고 했던가. 스승이 투잡이니 금방 따라잡을

수 있었을 것 같긴 하지만 가족인 나로서는 정말 뿌듯했다. 무엇보다 다마고치의 실적을 들은 어머니가 기뻐하셨다. 진심으로 좋아하시며 나에게 고맙다고 하셨다. 나는 다마고치가 알아서 잘하고 있다고 했다. 이날 어버이날 행사는 훈훈하게 끝났다.

　꾸준히 시간을 들여서 고민하고 실행하고 수정하는 방식으로 다마고치는 자신만의 방법을 찾았고 나에게서 독립했다. 처음에는 동생이 어떻게든 밥벌이를 하고 살면 나는 더 이상 사업을 하지 않아도 되겠다고 생각했었다. 나의 구매대행 다마고치 1호는 이제 성공적으로 자신의 밥벌이를 하고 있다. 매출이 올라서 자금 회전이 안되는 기쁨의 고통을 겪고 있고 이제 월 수입이 대기업 회사원 월급 수준 정도가 된다. 책을 보고 도전하는 사람도 이렇게 성공하면 좋겠다.

2

그만두는 게
유일한 리스크

구매대행은 힘들다. 언제 들어올지 모르는 주문을 위해서 계속해서 상품을 올려야 하기 때문이다. 신규 사업자를 내고 새로 상품을 올리면서 드는 생각은 '이게 팔릴까?'라는 것이었다. 구매대행을 오래 한 나도 이런 생각이 드는데 처음 해보는 사람 심정은 어떨까 싶다.

도전은 원래 되지 않을 것 같은 일을 해보는 것이다. 사업이라는 건 항상 불확실성을 내포하고 있다. 이런 불확실성을 해소하는 방법은 앞서 걸어가 본 사람의 길을 따라가는 것이다. 책에서 제시하는 대로 해보면 적어도 엄한 곳으로 가진 않을 것이다.

상품을 올리다 보면 주문이 들어오고, 주문이 들어오면 재미있다. 재미가 생기면 더 열심히 하게 된다. 열심히 하면 주문이 더 들어온다. 이런 선순환을 만들어야 한다. 불확실성을 뚫기 위해선 상품을 계속 올려야 한다.

구매대행은 하다가 그만두는 게 유일한 리스크다. 이 방법 조금 하다가, 저 방법 조금 하다가, 또 의심이 생기면 다른 방법을 찾는다. 이렇게 하면 하나도 되지 않을 확률이 높다. 일단 하나의 방법을 배우면 끝까지 해보는 것을 추천한다. 누군가 해본 일이라면 누구든 할 수 있다는 걸 믿으며 결과가 나올 때까지 한번 해보는 걸 추천한다.

구매대행이 안된다고 하는 사람은 하다가 그만둔 사람이다. 계속하는 사람은 마켓 상태를 유지하고, 상품을 꾸준히 올리면서 매출을 올린다. 이렇게 되는 사람만 남고, 포기한 사람이 많기 때문에, 혹은 시작도 안 한 사람들이 많기 때문에 어렵다고 하는 것이다. 실제로 어렵긴 하지만 하다 보면 익숙해지고, 익숙해지면 잘 하게 된다.

구매대행을 한번 해보기로 마음먹었다면 끝까지 한번 해보길 바란다. 앞서 설명한 것처럼 구매대행만큼 리스크가 적고, 다양한 상품을 접해볼 수 있는 사업이 없다. 구매대행 경험을 기반으로 다른 형태의 사업에도 도전할 수 있는 지식과 역량도 생길 것이다. 도전하는 여러분의 삶에 성공과 행복이 가득하길 바라며 글을 마친다.

Appendix - 반자동 등록 프로그램 '쿠대' 사용법

쿠대는 동시 접속 사용자 수 제한이 없고, 타반자동 등록 프로그램에서 유료인 서비스가 무료로 제공되는 경우가 많다. 참고로 쿠대는 '옥토퍼스맨' 이라는 이름으로 유튜브 채널과 네이버 카페, 단체 채팅방을 운영하고 있으니 필요한 사람은 참고하면 된다.

쿠대는 기본적으로 중국 구매대행 사이트인 타오바오, 티몰, 아마존 전 국가를 지원하는 반자동 프로그램이다. 미국 아마존 상품 등록 기준으로 사용 방법을 설명해 보겠다. 처음은 상품 정보를 수집하는 과정이다. 상품 메뉴에서 상품 링크를 넣고 수집을 누르면 수집이 시작된다.

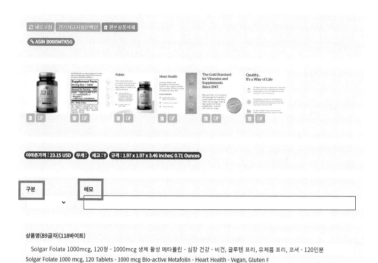

상품명(89글자)(118바이트)

Solgar Folate 1000mcg, 120정 - 1000mcg 생체 활성 메타폴린 - 심장 건강 - 비건, 글루텐 프리, 유제품 프리, 코셔 - 120인분
Solgar Folate 1000 mcg, 120 Tablets - 1000 mcg Bio-active Metafolin - Heart Health - Vegan, Gluten F

쿠대 아마존 상품 정보 수집 화면

수집된 상품 정보를 살펴보면, 상품 이미지, 아마존 가격, 재고 여부, 규격, 중량과 번역된 상품명이 있다. 모든 이미지를 다 사용하지 않는다면 이미지 정리가 필요하다. 건강식품의 경우 상품 이미지와 성분 내역만 올리면 된다. 첫 2개 이미지만 사용하고 나머지는 모두 지워주면 된다. 드래그를 통해 이미지 순서를 바꿀 수 있다.

구분 메뉴는 직원이나 아르바이트가 등록을 진행하면 누가 등록했는지 확인하기 위해 설정하는 것이다. 나는 직원에게 A, B, C, D 순으로 사용하게 하고 있다. 메모는 특이한 사항이나 전달 사항이 있을 때 소싱하는 직원이 남겨 놓으면 나중에 확인할 수 있다. 상품명은 번역된 내용을 참고하고 키워드를 확인해서 상품에 충실한 번역을 하면 된다.

쿠대 등록 시 카테고리 설정 화면

등록할 마켓별로 카테고리를 설정해야 한다. 처음엔 번역된 상품명의 개별 단어로 카테고리를 자동 검색해서 추천해 준다. 카테고리가 맞는지 확인 후 등록해야 한다. 카테고리 확인은 네이버 쇼핑에서 키워드로 검색했을 때 상위 노출되는 상품의 공통 카테고리로 하면 된다. 바로 설정되지 않을 경우엔 직접 검색어로 찾아서 설정해야 한다.

쿠대 등록 시 키워드·브랜드·배송·가격 설정 화면

카테고리 저장 후 키워드·브랜드·배송·가격 탭의 '수정'을 누르면 위와 같은 화면이 나온다. 최상단엔 아마존에서 끌어오는 상품 기본 정보가 들어가고 키워드 세팅이 나온다. 키워드는 태그로 설정하면 된다. 판다랭크나 아이템 스카우트, 네이버 연관 검색어에서 상품명에 추가적으로 검색되는 키워드를 찾아 설정한다. 앞에 설명한 키워드 찾는 방법을 참고하면 된다.

판매가는 상품 가격 산정 부분에서 설명한 산식대로 계산해 조정한다. 가격 부분을 소수점 자리까지 바꾸면서 올리거나 내리면서 판매가를 조절할 수 있다. 배송비나 반품비는 기본 배송비 1만 원, 반송비 3만 원으로 각각 세팅한다. 마지막으로 쿠팡 가격 기준으로 판매가가 세팅되고 나머지 마켓은 쿠팡 가격을 기준으로 %를 조절할 수 있다. 나는 네이버는 쿠팡 대비 -10%, 11번가와 ESM은 쿠팡 대비 +10%로 설정한다. 개별 마켓 수수료 상한선을 고려해 진행하면 된다. 원산지는 아마존에서 파는 제품은 모두 미국산으로 기재한다.

쿠대 등록 시 상세 페이지 설정 화면

'기본 상세 페이지' 메뉴를 클릭하면 빈 화면이 나온다. '이미
지 추가'를 누르면 아마존 상품 페이지에 있는 이미지가 모두
추가된다. 대표 이미지로 사용한 이미지만 남기고 나머지는 삭
제한다. 혹 필요한 내용이 있으면 추가하면 된다. ESM 페이지
도 '기본 상세 페이지'와 동일하게 세팅하려면 '상품 상세 복사'
버튼을 누르면 된다. 저장을 누르면 상품 리스트로 넘어가고
오른쪽에 있는 업로드 버튼을 누르면 아래와 같은 창이 뜬다.

쿠대 등록 시 상품정보고시 선택 화면

업로드 화면에 들어가면 선택한 카테고리에 해당하는 상품
정보고시 종류가 뜬다. 자신이 올리는 제품군에 맞게 선택하
면 된다. 건강식품은 가공식품으로 선택하는 게 경험상 안전
하다. 건강기능식품은 국내 건강기능식품 영업증이 있어야
신고 가능하다는 식약처의 피드백을 받은 적이 있다.

상품정보고시를 선택하면 쿠대의 중요한 기능인 '쿠팡 최
적화 설정' 버튼이 활성화된다. 이 버튼을 누르면 항목별로
옵션을 입력할 수 있는 칸이 뜬다. 이 칸은 검색 필터를 입력
하는 곳이다. 타이핑으로 수동 입력하게 돼 있는데 쿠팡 판매
자 페이지 '윙'에 접속해 상품 등록 페이지로 넘어가서, 설정
한 카테고리를 선택하면 검색 필터를 볼 수 있다. 경로는 아
래와 같다.

상품관리 → 상품등록 → 카테고리 선택 → 임의 옵션 1개 기입 후 적용 → 검색 필터

쿠팡 검색필터 입력 경로

쿠대 등록 시 쿠팡 '윙' 검색 필터 확인 화면

　　상품 등록 페이지의 하단에 있는 '검색 필터'가 설정한 상품 카테고리에 맞게 설정된다. 검색 필터를 하나씩 클릭해 보면 상품에 대한 속성을 선택할 수 있는 리스트가 뜬다. 모두 뜨는 건 아니고 쿠팡에서 제공하는 검색 필터가 있는 항목이 뜬다. 업로드할 상품에 해당하는 항목을 확인하고, 이 내용을 쿠대의 '쿠팡 최적화 설정'의 동일한 항목에 수기 입력한다. 스마트스토어의 상품 주요 속성과 동일하게 쿠팡은 검색 필

터가 중요한 항목이니 꼭 설정한다.

쿠대를 활용한 상품 등록 완료 화면(쿠팡 승인 완료)

'쿠팡 최적화 설정'까지 진행 후 상품 등록을 진행하면 쿠팡에 업로드가 완료된다. 상품 리스트에서 '쿠팡 상태'열에 '확인 필요'가 뜨고 이걸 한 번 더 클릭하면 상태가 업데이트된다. 문제없이 등록되면 '승인 완료'로 상태가 바뀐다. 쿠팡 등록이 완료된 것이다. 다른 마켓도 동일하게 진행하면 된다. 스마트스토어는 엑셀 등록을 지원한다. 엑셀 등록으로 진행하는 이유는 엑셀 등록이 수동 등록과 유사한 노출 이점이 있기 때문이다. 이렇게 하면 쿠대에서 등록이 완료된다.

돈 되는
구매 대행

실전 노하우

초판 1쇄 발행 2022년 4월 18일
3쇄 발행 2023년 8월 28일

지은이 구대러
발행인 정진욱
편집인 윤하루
디자인 서승연

발행처 라디오북
출판등록 2018년 7월 18일 제 2018-000161호
주 소 (07299)서울시 영등포구 경인로 775
전 화 0507-1360-8765
팩 스 0508-930-9546
이메일 hello.radiobook@gmail.com

©구대러 2022

ISBN 979-11-90836-63-0(13320)

값 20,000원

*라디오북은 라디오데이즈의 출판 전문 브랜드입니다.